JOHANNES KODER

NOMOS GEORGIKOS
DAS BYZANTINISCHE LANDWIRTSCHAFTSGESETZ

ÖSTERREICHISCHE AKADEMIE DER WISSENSCHAFTEN
ABTEILUNG BYZANZFORSCHUNG DES INSTITUTES
FÜR MITTELALTERFORSCHUNG
INSTITUT FÜR BYZANTINISTIK UND NEOGRÄZISTIK
DER UNIVERSITÄT WIEN

WIENER
BYZANTINISTISCHE STUDIEN

HERAUSGEGEBEN VON
CLAUDIA RAPP und CHRISTIAN GASTGEBER

BAND XXXII

JOHANNES KODER

Nomos Georgikos

Das byzantinische Landwirtschaftsgesetz

Überlegungen zur inhaltlichen und zeitlichen Einordnung
Deutsche Übersetzung

VERLAG DER
ÖSTERREICHISCHEN
AKADEMIE DER
WISSENSCHAFTEN

Angenommen durch die Publikationskommission der philosophisch-historischen Klasse der Österreichischen Akademie der Wissenschaften:

Veröffentlicht mit Unterstützung des Open Access Fonds der Österreichischen Akademie der Wisschenschaften

ÖAW OPEN ACCESS FONDS

Umschlagbild: Ausschnitt aus Vasilij Barskij, Kloster Kutlumusiu, in: K. Chrysochoides, Τόπος και εικόνα. Χαρακτικά ξένων περιηγητών για την Ελλάδα, 18ος αιώνας, I. Athen 1979, Abb. 9

Diese Publikation wurde einem anonymen, internationalen Begutachtungsverfahren unterzogen

Lektorat: Peter Soustal

Die verwendete Papiersorte in dieser Publikation ist DIN EN ISO 9706 zertifiziert und erfüllt die Voraussetzung für eine dauerhafte Archivierung von schriftlichem Kulturgut.

ISBN 978-3-7001-8695-3

Satz: Christian Gastgeber, Wien
Druck und Bindung: Prime Rate, Budapest

http://epub.oeaw.ac.at/8695-3
https://verlag.oeaw.ac.at

Made in Europe

Inhaltsverzeichnis

Peter E. Pieler in memoriam

Vorwort

Ziel der vorliegenden Untersuchung ist eine möglichst originalgetreue Übersetzung der ersten erhaltenen schriftlichen Fassung des *Nomos Georgikos*, eines Regelwerkes, das für die Geschichte der Landwirtschaft, der Viehzucht und allgemein der materiellen Kultur in den dem Byzantinischen Reich angehörigen Territorien informativ ist.

In der Einleitung wird der Versuch unternommen, den *Nomos Georgikos* – unter Berücksichtigung der bisherigen Forschungsergebnisse – in Hinblick auf einige vielfach und auch kontrovers diskutierte Fragestellungen näher einzuordnen. Im Vordergrund stehen dabei: der Zeitraum und das gesetzgeberische Umfeld seiner Verschriftlichung, die Regionen, die den Mittelpunkt des Interesses der Redaktoren zur Zeit der Entstehung der erhaltenen Textfassung darstellten, und die gesellschaftliche Zuordnung der von dem Regelwerk betroffenen Landwirte. – Im Anschluss an diese Überlegungen werde ich zu einem späteren Zeitpunkt den Text auf inhaltliche Widersprüche zwischen einzelnen Paragraphen untersuchen, die Ruckschlüsse auf regional beziehungsweise zeitlich unterschiedliche Regelungen zulassen und vor dem schriftlich erhaltenen *Nomos Georgikos* entstanden sein dürften.

Die Anregung zu dieser Untersuchung erfuhr ich im Verlauf freundschaftlicher Diskussionen zu diesem Thema, die der 2018 verstorbene Wiener Rechtshistoriker Peter Pieler und ich über mehrere Jahre hinweg während der Sommerferien in privatem Rahmen führten. Pieler selbst untersuchte über einen langen Zeitraum rechtliche und entstehungsgeschichtliche Fragen des Textes, insbesondere dessen Beeinflussung durch das Alte Testament beziehungsweise den etwa gleichzeitig mit dem *Nomos Georgikos* zu datierenden *Nomos Mosaikos*, das „Mosaische Gesetz", und zu weiteren zeitnahen Rechtstexten, vor allem der *Ekloge*. Zu diesen Themen publizierte er über zwanzig Jahre hinweg richtungweisende Beiträge (siehe die Bibliographie). Daher widme ich die Untersuchung seinem Andenken.

Für Ergänzungen und Verbesserungsvorschläge des Manuskriptes danke ich Karl Brunner, Athanasios Markopoulos, Jelena Mrgić, Philipp Scheibelreiter und den anonymen Gutachtern; für umsichtige Redaktion und Einrichtung des Manuskripts Christian Gastgeber und Peter Soustal.

Den Herausgebern der Wiener Byzantinistischen Studien, Claudia Rapp und Christian Gastgeber, bin ich für die Aufnahme in diese Publikationsreihe zu aufrichtigem Dank verpflichtet.

Wien, am 12. Jänner 2020

Bibliographie

QUELLEN

Hinweis: Die griechischen Textzitate in dieser Untersuchung wurden, mit wenigen Ausnahmen, dem Thesaurus Linguae Graecae (TLG) entnommen[1].

Apokaukos: A. PAPADOPOULOS-KERAMEUS, Συνοδικὰ γράμματα Ἰωάννου τοῦ Ἀποκαύκου, μητροπολίτου Ναυπάκτου, Byzantis 1 (1909–1910) 8–30.

Bas: H. J. SCHELTEMA – N. VAN DER WAL, Basilicorum libri LX, Series A 1–8. Groningen 1955–1988.

Chorikios von Gaza: R. FOERSTER – E. RICHTSTEIG, Choricii Gazaei opera. Leipzig 1929 (ND 1972)

CIC Nov.: W. KROLL – R. SCHÖLL, Corpus iuris civilis, III, Novellae, Berlin 1895 (^{6}1959).

EB: J. KODER, Das Eparchenbuch Leons des Weisen (*Corpus Fontium Historiae Byzantinae* 33). Wien 1991.

Eis: I. ZEPOS – P. ZEPOS (nach C. E. Zachariä von Lingenthal), Epanagoge (*Jus Graecoromanum* 2). Athen 1931, 236–368.

EisA: I. ZEPOS – P. ZEPOS (nach C. E. Zachariä von Lingenthal), Epanagoge Aucta (*Jus Graecoromanum* 6). Athen 1931, 57–216.

Ekl: → Burgmann 1983.

EklA: D. SIMON – Sp. TROIANOS, Eklogadion und Ecloga privata aucta (*Forschungen zur byzantinischen Rechtsgeschichte* 3). Frankfurt am Main 1977.

EklPA: I. ZEPOS – P. ZEPOS (nach C. E. Zachariä von Lingenthal), Ecloga Privata Aucta (*Jus Graecoromanum* 6). Athen 1931, 12–167.

EklProchM: I. ZEPOS – P. ZEPOS (nach C. E. Zachariä von Lingenthal), Ecloga ad Prochirum mutata (*Jus Graecoromanum* 6). Athen 1931, 222–318.

Eustathios von Thessalonike: K. METZLER, Eustathii Thessalonicensis, De emendanda vita monachica (*Corpus Fontium Historiae Byzantinae* 45). Berlin – New York 2006.

Geoponika: H. BECKH, Κασσιανοῦ Βάσσου σχολαστικοῦ περὶ γεωργίας ἐκλογαί, Geoponica. Leipzig 1895.

Germanos: S. N. LAGOPATES, Γερμανὸς ὁ Β΄ Πατριάρχης Κωνσταντινουπόλεως / Νικαίας (1222–1240), Βίος συγγράμματα καὶ διδασκαλίαι αὐτοῦ. Athen 1913.

Harm. App3: G. E. HEIMBACH, Constantini Harmenopuli Manuale legum sive Hexabiblos. Leipzig 1851.

[1] Thesaurus Linguae Graecae® Digital Library, ed. Maria C. PANTELIA. University of California, Irvine. http://www.tlg.uci.edu (accessed June–December 2019).

Ignatios Diakonos: S. EFTHYMIADIS – C. A. MANGO, The Correspondence of Ignatios the Deacon (*Corpus Fontium Historiae Byzantinae* 39). Washington, D. C. 1997.

Johannes Stobaios: O. HENSE – C. WACHSMUTH, Ioannis Stobaei anthologium I–V. Berlin 1884–1912 (ND 1958).

Kekaumenos, Strategikon: M. D. SPADARO, Raccomandazioni e consigli di un galantuomo (strategikon). Alessandria 1998; Übersetzung: H.-G. BECK, Vademecum des byzantinischen Aristokraten. Das sogenannte Strategikon des Kekaumenos (*Byzantinische Geschichtsschreiber* 5). Graz ^{2}1964.

Leon, Novellae: Sp. N. TROIANOS, Οι νεαρές Λέοντος στ' του Σοφού, Athen 2007. - Text und französische Übersetzung: A. DAIN – P. NOAILLES, Les novelles de Léon VI le Sage, texte et traduction. Paris 1944.

Maurikios: G. T. DENNIS – E. GAMILLSCHEG, Das Strategikon des Maurikios (*Corpus Fontium Historiae Byzantinae* 17). Wien 1981.

NG-A: → Ashburner 1910 (Text: 97–108).

NG-M: → Medvedev 1984.

NMos: L. BURGMANN – Sp. TROIANOS, Nomos Mosaïkos (*Forschungen zur byzantinischen Rechtsgeschichte* 4). Frankfurt am Main 1979.

Novellae post Justinianum: I. ZEPOS – P. ZEPOS (nach C. E. Zachariä von Lingenthal), Νεαραί και χρυσόβουλλα των μετά τον Ιουστινιανόν βυζαντινών αυτοκρατόρων (*Jus Graecoromanum* 1). Athen 1931.

Patriarchatsregister I: Das Register des Patriarchats von Konstantinopel. 1. Teil: Edition und Übersetzung der Urkunden aus den Jahren 1315–1331, hrsg. von H. HUNGER und O. KRESTEN unter Mitarbeit von Carolina CUPANE u. a. Wien 1981.

Peira: I. ZEPOS – P. ZEPOS (nach C. E. Zachariä von Lingenthal), Πεῖρα Εὐσταθίου τοῦ Ρωμαίου (*Jus Graecoromanum* 4). Athen 1931, 11–260.

Platon, Minos: J. BURNET, Platonis opera 5. Oxford 1907 (repr. 1967); Übersetzung: Fr. E. D. SCHLEIERMACHER, in: Platons Werke, ersten Teiles zweiter Band. Berlin ^{3}1855 (online: http://www.opera-platonis.de/Minos.pdf; Zugriff: 01.11.2019).

Platon, Nomoi: J. BURNET, Platonis opera, Oxford 1907 (repr. 1967); Übersetzung Fr. SUSEMIHL, Platon's Werke, Nomoi (De legibus). Die Gesetze. Stuttgart 1862 (online: http://opera-platonis.de/Nomoi.pdf; Zugriff: 01.11.2019).

Proch: I. ZEPOS – P. ZEPOS (nach C. E. Zachariä von Lingenthal), Leges Imperatorum Isaurorum et Macedonum (*Jus Graecoromanum* 2). Athen 1931, 114–228.

ProchA: I. ZEPOS – P. ZEPOS (nach C. E. Zachariä von Lingenthal), Prochiron Auctum (*Jus Graecoromanum* 7). Athen 1931, 5–361.

Procheiron Calabrese: F. BRANDILEONE – V. PUNTONI, Prochiron Legum (*Fonti per la storia d'Italia* 30). Rom 1895.

Prokopios, Bella: G. WIRTH – J. HAURY, Procopii Caesariensis opera omnia, 1–2. Leipzig 1962–1963.

Psellos, Chron.: D. R. REINSCH, Michaelis Pselli Chronographia, I (*Millenium Studien* 51). Berlin 2014.

Theodoretos, In Isaiam: J.-N. GUINOT, Théodoret de Cyr. Commentaire sur Isaïe, I–III (*Sources chrétiennes* 276, 295, 315). Paris 1980–1984.

Theophanes: C. DE BOOR, Theophanis Chronographia, I. Textum graecum continens. Leipzig 1883.

Trullanum: R. FLOGAUS – Ch. R. KRAUS – H. OHME, Acta conciliorum oecumenicorum, Series secunda, volumen secundum: Concilium Constantinopolitanum a. 691/2 in Trullo habitum (Concilium quinisextum), Pars 4. Berlin – Boston 2013.

SEKUNDÄRLITERATUR

Angelini 2012: P. ANGELINI, The Code of Dušan 1349–1354. *Tijdschrift voor Rechtsgeschiedenis / Revue d'Histoire du Droit / The Legal History Review* 80.1–2 (2012) 77–93.

Angelini 2013: P. ANGELINI, Das „Gesetz des Kaisers Justinian“, ein Beispiel für die Rezeption griechisch-römischen Rechts bei den slawischen Völkern. *Zeitschrift der Savigny-Stiftung für Rechtsgeschichte. Romanistische Abteilung* 130/1 (2013) 488–501.

Ashburner 1910: W. ASHBURNER, The farmer's law I. *The Journal of Hellenic Studies* 30 (1910) 85–108.

Ashburner 1912: W. ASHBURNER, The farmer's law II. *The Journal of Hellenic Studies* 32 (1912) 68–95.

Blagojević / Čavoški 2007: M. BLAGOJEVIĆ – K. ČAVOŠKI, Zemljoradnički zakon: Srednjovekovni rukopis [Das Bauernrecht. Die mittelalterliche Handschrift] (*Izvori srpskog prava SANU* 14). Beograd 2007.

Brubaker / Haldon 2001: L. BRUBAKER – J. HALDON, Byzantium in the Iconoclast Era, c. 680–850: The Sources. Cambridge 2001.

Brunner / Jaritz 1985: K. BRUNNER – G. JARITZ, Landherr Bauer Ackerknecht. Der Bauer im Mittelalter: Klischee und Wirklichkeit. Wien – Köln – Graz 1985.

Burgmann 1982: L. BURGMANN, Ist der Nomos Georgikos vorjustinianisch? *Rechtshistorisches Journal* 1 (1982) 36–39.

Burgmann 1983: L. BURGMANN, Ecloga. Das Gesetzbuch Leons III. und Konstantinos' V. (*Forschungen zur byzantinischen Rechtsgeschichte* 10). Frankfurt am Main 1983.

Burgmann 2005: L. BURGMANN, Mittelalterliche Übersetzungen byzantinischer Rechtstexte, in: G. THÜR (Hg.), Antike Rechtsgeschichte, Einheit und Vielfalt (*Österreichische Akademie der Wissenschaften, Philosophisch-historische Klasse, Sitzungsberichte.* 726). Wien 2005, 43–66.

Burgmann 2009: L. BURGMANN, Die Nomoi Stratiotikos, Georgikos und Nautikos. *Zbornik Radova Vizantološkog Institut* 46 (2009) 53–64.

Chitwood 2017: Z. CHITWOOD, Byzantine Legal Culture and the Roman Legal Tradition, 867–1056. Cambridge, 2017.

Christophilopoulos 1951: A. CHRISTOPHILOPOULOS, Ἀκροατής. *Byzantinische Zeitschrift* 44 (1951) 86–88.

Dölger 1945: F. DÖLGER, Ist der Nomos Georgikos ein Gesetz des Kaisers Justinian II.?, in Festschrift für Leopold Wenger, Bd. II. München 1945, 18–48.

Dölger 1952: F. DÖLGER, Harmenopulos und der Nomos Georgikos, in: Paraspora. Ettal 1961, 263–272 (aus: Tomos Konstantinu Harmenopulu. Thessaloniki 1952, 151–161).

Feldbrugge 2009: F. FELDBRUGGE, Law in Medieval Russia (*Law in Eastern Europe* 59). Leiden – Boston 2009.

Hadjigeorgiou 2011: I. HADJIGEORGIOU, Past, present and future of pastoralism in Greece. *Pastoralism* 1/1 (2011) 1–22.

Haldon 2007: J. HALDON, 'Cappadocia will be given over to ruin and become a desert'. Environmental evidence for historically attested events in the 7th–10th centuries, in K. BELKE –

E. KISLINGER – A. KÜLZER – M. A. STASSINOPOULOU (Hgg.), Byzantina Mediterranea. Festschrift für Johannes Koder zum 65. Geburtstag, Wien – Köln – Weimar 2007, 215–230.

Haldon et al. 2018: J. HALDON – L. MORDECHAIA – T. P. NEWFIELD – A. F. CHASE – A. IZDEBSKI – P. GUZOWSKI – I. LABUHN – N. ROBERT, History meets palaeoscience: Consilience and collaboration in studying past societal responses to environmental change. *Proceedings of the National Academy of Sciences of the USA* 115 (2018) 3210–3218.

Harvey 1990: A. HARVEY, Economic expansion in the Byzantine Empire 900–1200. Cambridge 1990.

Head 1972: C. HEAD, Justinian II of Byzantium. Madison 1972.

Heher 2013: D. HEHER, Der Tod am Pfahl. *Jahrbuch der Österreichischen Byzantinistik* 63 (2013) 127–151.

Hirschfeld 1997: Y. HIRSCHFELD, Farms and Villages in Byzantine Palestine. *Dumbarton Oaks Papers* 51 (1997) 33–71.

Hirschfeld 2004: Y. HIRSCHFELD, A Climate Change in the Early Byzantine Period? Some Archaeological Evidence. *Palestine Exploration Quarterly* 136/2 (2004) 133–149.

Humphreys 2015: M. T. G. HUMPHREYS, Law, power and imperial ideology in the Iconoclast Era, c. 680–850. Oxford 2015.

Izdebski et al. 2016: A. IZDEBSKI et al., The environmental, archaeological and historical evidence for climatic changes and their societal impacts in the eastern Mediterranean in Late Antiquity. *Quaternary Science Reviews* 136 (2016) 189–208.

Kaplan 1976: M. KAPLAN, Les propriétés de la Couronne et de l'Église dans l'Empire byzantin, V[e]–VIe siècles: documents. Paris 1976.

Kaplan 1982: M. KAPLAN, Les villageois aux premiers siècles byzantins (VIème–Xème siècle): une société homogène? *Byzantinoslavica* 43 (1982) 202–217.

Kaplan 1986: M. KAPLAN, L'economie paysanne dans l'Empire Byzantin du Vème au Xème siècle. *Klio* 68 (1986) 198–232.

Kaplan 1992: M. KAPLAN, Les hommes et la terre à Byzance du VIe à XIe siècles, Paris 1992.

Karayannopulos 1958: J. KARAYANNOPULOS, Entstehung und Bedeutung des Nomos Georgikos. *Byzantinische Zeitschrift* 51 (1958) 357–373.

Kazhdan 1991: A. P. KAZHDAN, Farmer's Law. *The Oxford Dictionary of Byzantium* 2 (1991) 778.

Koder 1993: J. KODER, Gemüse in Byzanz. Die Frischgemüseversorgung Konstantinopels im Licht der Geoponika (*Byzantinische Geschichtsschreiber*, *Ergänzungsband* 3). Wien 1993.

Koder 2004: J. KODER, Anmerkungen zur Entwicklung der Siedlungsterminologie in Byzanz, besonders bei Romanos Melodos. *Zbornik Radova Vizantološkog Institut* 41 (2004) 113–121.

Koder 2011: J. KODER, Überlegungen zur ländlichen Siedlungsterminologie der Byzantiner, insbesondere zu chorion, kome und verwandten Termini. *Bulgaria Mediaevalis* 2 (2011 = Studies in honor of Professor Vassil Gjuzelev) 3–14.

Koder 2016: J. KODER, Die Byzantiner. Kultur und Alltag im Mittelalter. Wien – Köln – Weimar 2016.

Koder 2019: J. KODER, Landwirtschaft beiderseits der Stadtmauern. Konstantinopels Versorgung mit Gemüse aufgrund der Geoponika, in: E. LANDSTEINER – T. SOENS (Hgg.), Farming the City. The Resilience and Decline of Urban Agriculture in European History

(*Rural History Yearbook / Jahrbuch für Geschichte des ländlichen Raums* 2019). Innsbruck 2019, 181–199.

Kolias / Chrone 2010: T. G. KOLIAS – M. CHRONE, Το Επαρχικόν Βιβλίον Λέοντος ς΄ του Σοφού. Εισαγωγή, απόδωση κειμένου στη νέα ελληνική, σχολιασμός. Athen 2010.

Köpstein 1976: H. KÖPSTEIN, Zu einigen Aspekten der Agrarverhältnisse im 7. Jahrhundert (nach den juristischen Quellen), in: H. KÖPSTEIN – Fr. WINKELMANN (Hgg.), Studien zum 7. Jahrhundert in Byzanz. Probleme der Herausbildung des Feudalismus (*Berliner Byzantinistische Arbeiten* 47). Berlin 23–34.

Köpstein 1978: H. KÖPSTEIN, III. Die Agrarverhältnisse nach dem Nomos georgikos (Ende 7. / Mitte 8. Jh.), in: Fr. Winkelmann – H. KÖPSTEIN – H. DITTEN – I. ROCHOW (Hgg.), Byzanz im 7. Jahrhundert. Untersuchungen zur Herausbildung des Feudalismus (*Berliner Byzantinistische Arbeiten* 48). Berlin 1978, 40–60.

Köpstein 1983a: H. KÖPSTEIN, Zur Veränderung der Agrarverhältnisse in Byzanz vom 6. zum 10. Jahrhundert, in: H. KÖPSTEIN (Hg.), Besonderheiten der byzantinischen Feudalentwicklung. Eine Sammlung von Beiträgen zu den frühen Jahrhunderten (*Berliner Byzantinistische Arbeiten* 50). Berlin, 69–76.

Köpstein 1983b: H. KÖPSTEIN, Das Agrargesetz. Zum Problem seiner Beziehung zu anderen Rechten, in: J. DUMMER – J. IRMSCHER (Hgg.), Byzanz in der europäischen Staatenwelt. Eine Aufsatzsammlung (*Berliner Byzantinistische Arbeiten* 49), Berlin 1983, 149–156.

Köpstein 1986: H. KÖPSTEIN, Zur byzantinischen Dorfgemeinde des 7./8. Jahrhunderts, in: Les communautés rurales, Sixième partie: Europe Orientale. Paris 1986, 77–86.

Köpstein 1989: H. KÖPSTEIN, Großgrundbesitz, II. Byzantinisches Reich. *Lexikon des Mittelalters* 4 (1989) 1730–1732.

Köpstein 1993: H. KÖPSTEIN, Nomos georgikos. *Lexikon des Mittelalters* 6 (1993) 1231.

Köpstein 1995: H. KÖPSTEIN, Thessaloniki: Wiege des Nomos Georgikos, in: Διεθνές Συμπόσιο «Βυζαντινή Μακεδονία», 324–1430 μ. Χ. 1992. Thessalonike 1995, 157–164.

Laiou 1971: A. LAIOU, A note on the "Farmer's law", chapter 67. *Byzantion* 41 (1971) 197–204.

Laiou 2002: A. E. LAIOU, The Agrarian Economy, Thirteenth–Fifteenth Centuries, in A. E. LAIOU (Hg.), in: The Economic History of Byzantium. From the Seventh through the Fifteenth Century, vol. I. Washington, D. C. 2002, 311–375.

Laiou 2005: A. LAIOU, The Byzantine Village (5th–14th century), in: J. LEFORT – C. MORRISSON – J.-P. SODINI (Hgg.), Les villages dans l'Empire byzantin (IVe–XVe siècle). Paris 2005, 31–54.

Laiou-Thomadakis 1977: A. E. LAIOU-THOMADAKIS, Peasant Society in the Late Byzantine Empire: A Social and Demographic Study. Princeton, NJ. 1977.

LBG: E. TRAPP u. a. (Hgg.), Lexikon zur Byzantinischen Gräzität, besonders des 9.–12. Jahrhunderts, Bd. 1–8. Wien 2001–2017.

Lefort 2002: J. LEFORT, The Rural Economy, Seventh–Twelfth Centuries, in: A. E. LAIOU (Hg.), The Economic History of Byzantium. From the Seventh through the Fifteenth Century, vol. I. Washington, D. C. 2002, 231–314.

Lemerle 1979: P. LEMERLE, The Agrarian History of Byzantium from the Origins to the Twelfth Century. Galway 1979.

Mango 1985: C. MANGO, Le développement urbain de Constantinople (IVe–VIIe siècles). Paris 1985.

Margetić 1985: L. MARGETIĆ, La Legge Agraria: Accenni ad alcuni problemi della storia del diritto. *Rivista di studi bizantini e slavi* 5 (1985) 103–135.

Maslev 1976: S. MASLEV, Die soziale Struktur der byzantinischen Landgemeinde nach dem Nomos Georgikos, in: H. KÖPSTEIN – Fr. WINKELMANN (Hgg.), Studien zum 7. Jahrhundert in Byzanz. Probleme der Herausbildung des Feudalismus (*Berliner Byzantinistische Arbeiten* 47). Berlin 1976, 10–22.

Medvedev 1980/1981: I. P. MEDVEDEV, Predvaritel'nye zametki o rukopisnoj tradicii zemledel'českogo zakona, 1. Rukopisi X–XII vv. *Vizantijski Vremennik* 41 (1980) 194–209, und 2. Rukopisi XIII–XIV vv. *Vizantijski Vremennik* 42 (1981) 49–70.

Medvedev 1984: I. P. MEDVEDEV – E. K. PIOTROVSKAJA – E. E. LIPŠIC (Hgg.), Vizantijskij zemledel'českij zakon. Tekst, issledovanie, kommentarij podgotovili, pod redakcieij I. P. MEDVEDEVA (= Nomos Georgikos. Codicum manuscriptorum ope ediderunt versionem graecam I. P. MEDVEDEV, versionem paleorussicam E. K. PIOTROVSKAJA, commentariis instruxit E. E. LIPŠIC, redactore I. P. MEDVEDEV). Leningrad 1984.

Nörr 1960: D. NÖRR, Die Fahrlässigkeit im bvzantinischen Vertragsrecht (*Münchener Beiträge zur Papyrusforschung und antiken Rechtsgeschichte* 42). München 1960.

Pieler 1987: P. E. PIELER, Lex Christiana, in: D. SIMON (Hg.), Akten des 26. Deutschen Rechtshistorikertages 1986 (*Ius commune, Sonderhefte Studien zur europäischen Rechtsgeschichte* 30). Frankfurt / Main 1987, 485–503.

Pieler 1992: P. E. PIELER, Η Παλαιά Διαθήκη στη νομική σκέψη των Βυζαντινών. *Byzantinai Meletai* 4 (1992) 3–17.

Pieler 1997: P. E. PIELER, Das Alte Testament im Rechtsdenken der Byzantiner, in: Sp. TROIANOS (Hg.), Analecta Atheniensia ad ius byzantinum spectantia. Athen 1997, 81–113.

Pieler, unpublizierter Vortrag vor 2007: P. E. PIELER, Ein Vergleich der Wunder des hlg. Demetrios mit den Nomoi Georgikoi, in griechischer Sprache. Vortrag anlässlich der Demetria in Thessalonike (vgl. Pielers Selbstzitat in Pieler 2007, 497). – Philipp Scheibelreiter, Wien, danke ich für die Auffindung des Vortragsmanuskripts im Institut für Römisches Recht und Antike Rechtsgeschichte der Universität Wien.

Pieler 2007: P. E. PIELER, Neue Überlegungen zum byzantinischen „Bauerngesetz", in: P. PICHONNAZ (Hg.), Spuren des römischen Rechts: Festschrift für Bruno Huwiler zum 65. Geburtstag. Bern 2007, 489–497.

Pieler 2008: P. E. PIELER, Die Bauführung auf fremdem Grund nach § 21 NG, in: Κατευόδιον. In memoriam Nikos Oikonomides (*Forschungen zur byzantinischen Rechtsgeschichte*, *Athener Reihe* 15). Athen – Komotene 2008, 107–125.

Politis 2012: L. POLITIS, Κατάλογος χειρογράφων Ιεράς Μονής Ζάβορδας. Thessalonike 2012.

Radojičić 1955: Dj. Sp. RADOJIČIĆ, Srpski rukopis Zemljoradničkog zakona (Eine serbische Redaktion des Nomos Georgikos). *Zbornik Radova Vizantološkog Instituta* 3 (1955) 15–28.

Rept.: Repertorium der Handschriften des byzantinischen Rechts, Teil I. Die Handschriften des weltlichen Rechts (Rept. 1–327), hg. v. L. BURGMANN – M. Th. FÖGEN – A. SCHMINCK – D. SIMON. Frankfurt am Main 1995; Teil II–III. Die Handschriften des kirchlichen Rechts (Rept. 328–427 bzw. Rept. 428–527), hg. v. A. SCHMINCK – D. GETOV. Frankfurt am Main 2010–2017.

Rodgers 2002: R. RODGERS, Κηπούα: Garden Making and Garden Culture in the Geoponika, in: A. LITTLEWOOD – H. MAGUIRE – J. WOLSCHKE-BULMAHN (Hgg.), Byzantine Garden Culture. Washington, D.C. 2002, 159–176.

Schminck 1999: A. SCHMINCK, Probleme des sog. Nomos Rhodion Nautikos, in: E. CHRYSOS et al. (Hgg.), Griechenland und das Meer. Mannheim 1999, 171–178 (= Schminck 2018, XX 539–546).

Schminck 2005a: A. SCHMINCK, Bemerkungen zum sog. „Nomos Mosaikos". *Fontes minores* 11 (2005) 249–268 (= Schminck 2018, XXVIII 683–702).

Schminck 2005b: A. SCHMINCK, Der „Nomos Georgikos" und die Rechtspraxis, in: 59ème session de la Société Int. Fernand de Visscher pour l'histoire des droits de l'antiquité. Bochum 2005, 66–70 (= Schminck 2018, XXVI 621–625).

Schminck 2018: A. SCHMINCK, Ausgewählte Schriften zur byzantinischen Rechtsgeschichte und Kulturgeschichte, Bd. I–II. Frankfurt / Main 2018.

Schneider 1977: H.-Ch. SCHNEIDER, Das Problem der Veteranenversorgung in der späteren römischen Republik. Bonn 1977.

Schubert 2008: Ch. SCHUBERT, Die kaiserliche Agrargesetzgebung in Nordafrika von Trajan bis Justinian. *Zeitschrift für Papyrologie und Epigraphik* 167 (2008) 251–257.

Simeonov 2013: Gr. SIMEONOV, Obst in Byzanz. Ein Beitrag zur Geschichte der Ernährung im östlichen Mittelmeerraum. Saarbrücken 2013.

Simon 1976: D. SIMON, Provinzialrecht und Volksrecht. *Fontes Minores* 1 (1976) 102–116.

Sinogowitz 1956: B. SINOGOWITZ, Studien zum Strafrecht der Ekloge (*Πραγματείαι της Ακαδημίας Αθηνών* 21). Athen 1956, hierzu die Rez. von D. NÖRR, *Zeitschrift der Savigny-Stiftung für Rechtsgeschichte, Romanistische Abt.* 76 (1959) 628–633.

Sinogowitz 1957: B. SINOGOWITZ, Die Tötungsdelikte im Recht der Ekloge Leons III. des Isauriers, *Zeitschrift der Savigny-Stiftung für Rechtsgeschichte, Romanistische Abt.* 74 (1957) 316–344.

Soloviev 1959: A. V. SOLOVIEV, Der Einfluss des Byzantinischen Rechts auf die Völker Osteuropas, *Zeitschrift der Savigny-Stiftung für Rechtsgeschichte, Romanistische Abt.* 76 (1959) 432–479.

Stratos 1980: A. N. STRATOS, Byzantium in the Seventh Century, vol. 5. Amsterdam 1980.

Svoronos 1981: N. SVORONOS, Notes sur l'origine et la date du Code rural. *Travaux et Mémoires* 1 (1981) 487–500.

Telelis 2008: I. G. TELELIS, Climatic Fluctuations in the Eastern Mediterranean and the Middle East AD 300–1500 from Byzantine Documentary and Proxy Physical Paleoclimatic Evidence – A Comparison. *Jahrbuch der Österreichischen Byzantinistik* 58 (2008) 167–207.

TLG: Thesaurus Linguae Graecae® Digital Library, ed. Maria C. PANTELIA, University of California, Irvine; online: http://www.tlg.uci.edu (01.12.2019)

Toševa-Nikolovska 2018: D. TOŠEVA-NIKOLOVSKA, Some Observations on the Nomos Georgikos. *Colloquia Humanistica* 7 (2018) 205–226.

Trapp 1966: E. TRAPP, Die gesetzlichen Bestimmungen über die Errichtung einer „epoche". *Byzantinische Forschungen* 1 (1966) 329–333.

Trapp u. a. (Hgg.), Lexikon → LBG

Troianos 2011: Sp. N. TROIANOS, Οι πηγές του βυζαντινού δικαίου. Athen / Komotini [3]2011.

Troianos 2017: Sp. N. TROIANOS, Die Quellen des byzantinischen Rechts. Berlin 2017.

Vernadsky 1925: G. VERNADSKY, Sur les origines de la Loi agraire (Νόμος Γεωργικός). *Byzantion* 2 (1925) 169–180.

Wenskus / Jankuhn / Grinda 1975: R. WENSKUS – H. JANKUHN – Kl. GRINDA (Hgg.), Wort und Begriff „Bauer". Zusammenfassender Bericht über die Kolloquien der Kommission für die Altertumskunde Mittel- und Nordeuropas (*Abhandlungen der Akademie der Wissenschaften in Göttingen, Philologisch-Historische Klasse* 3/89). Göttingen 1975, 263.

Zachariä von Lingenthal 1892: K. E. ZACHARIÄ VON LINGENTHAL, Geschichte des Griechisch-Römischen Rechtes. Berlin [3]1892.

Einleitung

ZUR BEDEUTUNG DER LANDWIRTSCHAFT IN VORINDUSTRIELLER ZEIT

Den Anforderungen und Bedingungen vorindustrieller Kulturen entsprechend war der Großteil der Bevölkerung des Byzantinischen Reiches direkt oder indirekt in den existentiell grundlegenden Bereichen der Landwirtschaft[2] (Ackerbau, Anbau von Gemüse, Wein und Baumfrüchten) und der Viehzucht tätig, wobei die Viehzucht nomadisch, halbnomadisch oder ortsfest ausgeübt wurde[3]. Alle diese Aktivitäten waren wesentlich von meist unvorhersehbaren Veränderungen der natürlichen Bedingungen, besonders von Klimaschwankungen (zu hoher oder zu geringer Niederschlag, Temperaturextreme) abhängig[4], selbst wenn letztere von kurzer Dauer waren. Manche – oft nur kleinräumig wirksame – Veränderungen wurden allerdings auch von Menschen ausgelöst oder beeinflusst, sei es als Folgen politischer bzw. kriegerischer Ereignisse oder unmittelbar von den Bewohnern der Landschaft: Ackerbauern konnten die Produktivität, aber auch das Kleinklima durch Maßnahmen wie Terrassierung von Hanglagen oder künstliche Bewässerung verändern. Auch Rodungen von Wald- und Buschland konnten solche, zum Teil langfristige Folgen bewirken; die Reduzierung des natürlichen Bewuchses ergab sich vor allem aus dem häufigen Bedarf an neuem Ackerland, da durch einseitige Bodennutzung, verbunden mit der unzureichenden Düngung (großflächig vorwiegend durch Tierherden, denen die

---

2 Zur Landwirtschaft in Byzanz siehe insbes. Lemerle 1979, Laiou-Thomadakis 1977, Lefort 2002 und Laiou 2002, jeweils mit ausführlicher Bibliographie.

3 Michael Psellos (11. Jahrhundert) nennt unter den wichtigen Bevölkerungsgruppen „die in der Landwirtschaft und im Handel Tätigen“ (ὅσον ἐν γεωργίαις καὶ ἐμπορίαις), Psellos, Chron. 7.40.

4 Grundsätzlich zur Interaktion von Klima und Region siehe Izdebski et al. 2016; Haldon 2007, bes. 222–230 (zu den Problemen der Jahre 664–678); Haldon et al. 2018 (hier bes. den Abschnitt "Sicily and the Inland Levant in the Early Middle Ages") und Hirschfeld 2004, jeweils mit weiterer Literatur.

abgeernteten Äcker als Weideland dienten) der Boden auch im Falle der – nicht durchwegs praktizierten – Zweifelderwirtschaft rasch nährstoffarm werden konnte. Zur Versteppung trug auch die nomadische Viehzucht bei, besonders bei der Haltung von Ziegen in Landschaften mit kargem Oberflächenbewuchs. Ziegen sind weniger anspruchsvoll als Schafe, da sie Pflanzen und Buschwerk aller Art, zum Teil samt den Wurzeln annehmen – somit reduzieren oder zerstören sie die pflanzliche Bodendecke nachhaltiger als andere Weidetiere.

Im Römischen Reich beziehen sich die gesetzlichen Regelungen der Landwirtschaft im Wesentlichen auf den Schutz und die Verteilung des staatlichen Landbesitzes, besonders im Zusammenhang mit der Versorgung von Veteranen und der Eindämmung der Willkür privater Großgrundbesitzer[5]. In historischen und anderen erzählenden Quellen der byzantinischen Zeit werden Landwirtschaft und Viehzucht selten zur Sprache gebracht, was wohl wesentlich mit der selbstverständlichen Alltäglichkeit dieser Tätigkeiten zu erklären ist. Eine der Ausnahmen ist das „Strategikon" des Grundbesitzers und ehemaligen Offiziers Kekaumenos, der Ende des 11. Jahrhunderts seine Lebenserfahrungen niederschrieb, in denen er mehrmals seine Wertschätzung der Landwirtschaft und der Viehzucht zum Ausdruck brachte:

> *Es gibt für dich keine Einkommensquelle, die höher steht als die Bearbeitung des Bodens. Schaffe dir eigene Betriebe an, wie Mühlen und Werkstätten, Gärten und was dir sonst Jahr für Jahr Ertrag bringt, sei es durch Pachtzins oder unmittelbaren Ertrag. Pflanze Bäume aller Art und Schilf, was Einkünfte bringt, ohne Jahr für Jahr der Bearbeitung zu bedürfen. So hast du ein ruhiges Auskommen. Halte dir Vieh wie Pflugrinder, Schweine, Schafe und andere Tiere, die Jahr für Jahr werfen und wachsen und sich vermehren. Damit hast du einen reich besetzten Tisch und du kannst alles genießen, im Überfluss Getreide, Wein und alles Übrige, Pflanzen und Tiere, sowohl Schlacht- wie Zugtiere.*[6]

---

[5] Siehe u. a. Schubert 2008 und Schneider 1977, zur frühbyzantinischen Entwicklung Kaplan 1976.

[6] ... οὐ γάρ ἐστίν σοι ἕτερος πόρος ζωῆς ὑπὲρ τὸ ἐργάζεσθαι τὴν γῆν. ποίησον σεαυτῷ αὐτουργίας, οἷον μυλῶνας καὶ ἐργαστήρια, κήπους τε καὶ ἄλλα ὅσα σοι ἐπιδώσουσι τοὺς αὐτῶν καρποὺς ἐτησίως, διά τε πάκτου καὶ καρποῦ. φύτευσον δένδρα παντοῖα καὶ καλαμῶνας, δι' ὧν ἔσται σοι εἴσοδος μὴ ἔχουσα κατ' ἔτος κόπον· ἐκ τούτων γὰρ ἀναπαυθήσῃ. κτήνη δὲ ἔστωσάν σοι, οἷον βόες ἀροτῆρες καὶ χοῖροι καὶ πρόβατα καὶ ἄλλα ζῷα

An anderer Stelle betont Kekaumenos ganz allgemein den Besitz von eigenem Land als beste Existenzgrundlage:

Besitzt du im eigenen Land Burgen und Dörfer und bist der lokale Herr und Eigentümer, dann lass dich durch keinen Reichtum, keine Würden und keine großen kaiserlichen Versprechungen dazu verleiten, dem Kaiser dein Land zu geben und dafür Geld und Besitz einzutauschen, und erhieltest du auch viermal so viel. Halte an deinem Land fest, auch wenn es noch so klein und nichtig ist.[7]

Innerhalb der landwirtschaftlichen Fachliteratur ist das meist kurz als „Geoponika" bezeichnete Handbuch „Des gelehrten Kassianos Bassos ausgewählte Schriften über die Landwirtschaft" hervorzuheben[8], ein spätantikes Grundlagenwerk für Ackerbau, Gemüse- und Obstanbau, das in frühbyzantinischer Zeit und erneut im 10. Jahrhundert aktualisiert wurde und im Prooimion der letzten Fassung eine Widmung an den Kaiser Konstantinos VII. Porphyrogennetos trägt. Die Widmung enthält u. a. folgende Feststellung, in der die Bedeutung der Landwirtschaft betont wird:

Du [scil. Konstantinos] hast dann in dem Bewusstsein, dass der Staat auf den drei Faktoren Heer, Priesterschaft und Landwirtschaft beruht, diesem [letzteren] Bereich, der das menschliche Leben am besten zu erhalten vermag, keine geringe Aufmerksamkeit geschenkt.[9]

ἅτινα κατ' ἔτος γεννῶνται, αὐξάνονται καὶ πληθύνονται· ταῦτα γὰρ παρέξουσίν σοι ἀφθονίαν ἐν τῇ τραπέζῃ σου. καὶ εὐφρανθήσῃ ἐν πᾶσι, ἔν τε περισσείᾳ σίτου, οἴνου καὶ τῶν λοιπῶν ἁπάντων, σπερμάτων καὶ ζῴων, ἐδωδίμων καὶ ἀγωγίμων, Kekaumenos, Strategikon 3.88 (Übersetzung: Beck 71f.).

7 … ἐὰν εἰς ἰδίαν χώραν κάστρα τυχὸν ἢ χωρία ἔχῃς, εἶδὲ ἐν αὐτοῖς τοπάρχης καὶ ἐξουσιαστής, μή σε πλανήσῃ πλοῦτος ἢ ἀξιώματα ἢ ὑποσχέσεις μεγάλαι τῶν βασιλέων καὶ δώῃς τὴν χώραν σου βασιλεῖ καὶ ἀντ' αὐτῆς λάβῃς χρήματα καὶ κτήματα, εἰ καὶ τετραπλασίονα μέλλεις λαβεῖν, ἀλλὰ ἔχε τὴν χώραν σου κἂν μικρὰ καὶ οὐδαμινή ἐστι, Kekaumenos, Strategikon 5.218 (Übersetzung: Beck 128).

8 Zu den *Geoponika* siehe u. a. Lefort 2002, Rodgers 2002 und Simeonov 2013; siehe auch Koder 1993, 27–29, und Koder 2016, 109.

9 Μετὰ ταῦτα τοίνυν εἰδὼς εἰς τρία ταῦτα τὴν πολιτείαν διῃρημένην, στρατείαν τέ φημι καὶ ἱερωσύνην καὶ γεωργίαν, οὐκ ἐλαχίστην σπουδὴν περὶ τοῦτο τὸ μέρος εἰσήνεγκας, ὃ μάλιστα τὴν ἀνθρωπίνην ζωὴν συγκρατεῖν ἐξεπίσταται, *Geoponika*, Prooimion § 6; siehe Lefort 2002, 231. – Zur Bedeutung der *georgia* und der *georgoi* siehe auch Psellos, Chron. 7.40.

Die Geoponika dienten bis weit in die nachbyzantinische Zeit als Informationsquelle für die Kultivierung von Pflanzen aller Art.

DER *NOMOS GEORGIKOS* UND DIE ZEITLICH NAHESTEHENDEN RECHTSBÜCHER

Gesetzliche oder gesetzesähnliche Regelungen dörflicher Landwirtschaft und ortsfester (also siedlungsgebundener, nichtnomadischer) Viehzucht bietet der *Nomos Georgikos* (im Folgenden: NG), das „Landwirtschaftsgesetz“[10]. Der in mehr als 120 Handschriften erhaltene NG stimmt bezüglich der erwähnten landwirtschaftlichen Produkte und der Viehhaltung inhaltlich in bemerkenswertem Ausmaß mit den diesbezüglichen allgemeinen Aussagen des Kekaumenos (Strategikon 3.88, wie oben zitiert) überein. Allerdings setzt der NG freie Bauern voraus, die in Dörfern[11] (vorwiegend nicht in Einzelgehöften) „autonom“, also nicht in der Abhängigkeit von Großgrundbesitzern (Adeligen wie Kekaumenos oder reichen Klöstern) lebten und selbst über Sklaven verfügten[12]. Der NG enthält Regeln für die Bereiche der Produktion von Feldfrüchten, Wein, Obst und Gemüse, die Nutzung von Wald und Gehölz und die Tierhaltung, bei der offenbar oft Sklaven bzw. Lohnhirten beschäftigt wurden.

Die (wahrscheinlich) früheste schriftliche Fassung[13] der im NG enthaltenen Rechtsvorschriften und gewohnheitsrechtlichen Traditionen enthält 85 Paragraphen folgenden Inhalts[14]:

---

[10] Ausführlich zum NG, seiner Textgeschichte und seinem sozialen und wirtschaftlichen Hintergrund: Dölger 1945 und 1952, Karayannopulos 1958, Köpstein 1976, 1978, 1983 und 1986, Maslev 1976, Medvedev 1980, 1981 und 1984, Burgmann 1982 und 2009, Margetić 1985, Pieler 1987, 1997, 2007 und 2008, Harvey 1990, 14–20, Schminck 2005a, Humphreys 2015, 195–232 und öfter, und Chitwood 2017, 110–114; siehe auch Kazhdan 1991 und Laiou 2005, 38f. – Als Titel wurde „Landwirtschaftsgesetz“ den Termini „Bauerngesetz“ oder „Landwirtegesetz“ vorgezogen, da ein großer Teil der Regelungen sich nicht unmittelbar auf Personen bzw. auf die eine Personengruppe der freien Bauern bezieht; zudem wird der Begriff „Bauer“ im mediävistischen Kontext vorwiegend einem untergeordneten, „hörigen“ Stand zugeordnet (siehe Brunner / Jaritz 1985, 7–17, und die Beiträge in Wenskus / Jankuhn / Grinda 1975), was im Fall des NG nicht zutrifft.

[11] Zur Terminologie der Siedlungsform „Dorf“, insbesondere *chorion* vs. (älterem) *kome*: Köpstein 1978, 55–57; siehe auch Hirschfeld 1997, Kaplan 1992, 89–101, und Koder 2004 und 2011. – Die Definition von *chorion* als „district“ (Ashburner 1012, 70f., siehe auch 77–79) ist dennoch, territorial und fiskalisch gesehen, zutreffend.

[12] Zu den Sklaven siehe Humphreys 2015, 209f. und 214f.

[13] Editionen: Ashburner 1910/1912 (NG-A, mit englischer Übersetzung) und Medvedev

§ 1–2 Einhaltung von Grundstücksgrenzen
§ 3–5 Tausch von Grundstücken
§ 6–8 Rechtsstreit um Grundstücke oder deren Grenzen
§ 9–16 Rechte der Pächter und Halbpächter gegenüber den Verpächtern bzw. Eigentümern von Grundstücken, in den §§ 11, 13 und 14 verbunden mit steuerlichen Verpflichtungen
§ 17 Landwirtschaftliche Nutzung von fremdem Waldland
§ 18–19 Steuerliche Verpflichtungen bei verlassenem Land
§ 20 Nutzung von Waldland ohne Zustimmung des Grundeigentümers
§ 21 Hausbau oder Anlage eines Weingartens ohne Zustimmung des Grundeigentümers
§ 22 Diebstahl von Geräten
§ 23–29 Pflichten und Rechte der Rinderhirten
§ 30 Strafbarkeit des Abschneidens von Tierglocken
§ 31–32 Verfügungsrechte über Obstbäume
§ 33–35 Diebstahl von Obst, Milch oder Stroh
§ 36–55 Schädigung oder Tötung von Nutztieren anderer Eigentümer
§ 56–58 Abbrennen von landwirtschaftlichen Flächen und Wald anderer Eigentümer
§ 59–61 Diebstahl oder Beschädigung von Erntegut
§ 62–63 Diebstahl oder Beschädigung von Geräten
§ 64–65 Verbrennen von Erntegut anderer Eigentümer
§ 66 Diebstahl von Baumaterial
§ 67 Anteilige Verrechnung des Ertrags von Äckern auf geliehenes Kapital
§ 68–69 Diebstahl von Getreide oder Wein
§ 70 Betrug beim Verkauf von Getreide oder Wein
§ 71–77 Schädigung oder Tötung von Nutztieren anderer Eigentümer
§ 78–80 Schädigung von Feldern und Weingärten anderer Eigentümer
§ 81–84 Einrichtung und Betrieb von Mühlen und deren Wasserzufuhr
§ 85 Schädigung von Weingärten durch Weidetiere

Wie erkennbar, sind Teile des NG systematisch gegliedert[15], doch ist die Gliederung – vermutlich auch mit der Geschichte seiner Entstehung erklärbar (hierzu siehe weiter unten) – öfters durchbrochen[16]. Innerhalb des NG

1984 (NG-M, mit russischer Übersetzung); zu Medvedevs Edition siehe die vorbereitende, zweiteilige Untersuchung Medvedev 1980 und 1981.

14 Ashburner 1912, 68f.

15 Drei Gruppen lassen sich erkennen: 1. die Bearbeitung bzw. Nutzung von Land (§§ 1–22), 2. die Tierhaltung (§§ 23–55) und 3. die Beeinträchtigung oder Schädigung der Rechte anderer Besitzer (§§ 56–66). Die anschließenden Paragraphen enthalten Nachträge zu diesen drei Gruppen und weitere Bestimmungen, die den Bau und den Betrieb von Wassermühlen regeln (hierzu Ashburner 1912, 69f.).

16 Humphreys 2015, 203–207, erklärt einige Inkonsequenzen mit der Praxisnähe des NG. – Auffallend ist beispielsweise die häufige Forderung nach Ahndung des Diebstahls von Produkten (§§ 22, 33–35, 59–63, 66, 68f.).

gibt es Widersprüche zwischen einigen Paragraphen[17], zudem an manchen Stellen wahrscheinlich Verlesungen oder Missverständnisse einzelner Kopisten[18].

Konstantinos Harmenopulos übernahm 1345 den Großteil der Bestimmungen des NG unter dem Titel Νόμοι γεωργικοὶ κατ' ἐκλογὴν βιβλίων τοῦ της θείας λήξεως Ἰουστινιανοῦ βασιλέως („Landwirtschaftsgesetze in Auswahl aus den Büchern des in Gott verewigten Kaisers Justinian") als dritten Appendix (*Harm. App3*) in seine 1345 publizierte Gesetzessammlung *Hexabiblos*. Er änderte, wahrscheinlich um eine systematischere Gliederung zu erreichen, die Anordnung der Paragraphen weitgehend. Auch zu diesem Zweck verfasste er zehn Kapitelüberschriften[19], nach denen er jeweils die Paragraphen neu zählte. Zudem erweiterte er den NG um die in der folgenden Auflistung jeweils ausgewiesenen neuen Paragraphen[20], wobei er die ersten sechs, die nicht unmittelbar Materien des NG behandeln, als „Vorwort" vor Titel 1 stellte:

Vorwort (Προοίμιον, insgesamt 6 §§)[21]
1. „Über Landwirte" (Α´. Περὶ γεωργῶν, insgesamt 25 §§)

---

[17] Z. B. widersprechen die §§ 15 und 20 dem § 17 und § 49 den §§ 53, 60 und 73.

[18] In den §§ 3 und 70 missverstand vermutlich bereits ein früher Kopist ἤ als (abgekürztes) καὶ der Vorlage (siehe hierzu § 28), in den §§ 21, 53 und 54 geschah dies einem Kopisten der von NG-A bevorzugten Handschriften, und in den §§ 32 und 84 verwechselte ein Kopist derselben Handschriftengruppe vermutlich ἤ und ει.

[19] Eine von ihnen wurde von Ashburner (NG-A) auf der Basis der von ihm vorzugsweise herangezogenen Handschriften vor § 23 in seine Edition eingefügt: „Über die Hirten" / Περὶ ἀγελαρίων; eine ausführlichere Überschrift fügte EklProchM (Titel 26) zu § 23 hinzu: „Über Hirten [und über] Rinder und Schweine und Schafe und Pferde und Esel und Hunde, die Schaden anrichten und in einen Graben von Weingärten fielen" / Περὶ ἀγελαρίων καὶ βοῶν καὶ χοίρων καὶ προβάτων καὶ ἵππων καὶ ὄνων καὶ κυνῶν πραῖδαν ποιούντων καὶ πεσόντων εἰς διώρυγμα ἀμπελώνων. Daraus kann man schließen, dass es diese oder andere ähnliche Kapitelüberschriften auch in nicht erhaltenen Versionen des NG gab.

[20] Nach Harmenopulos' neuer Zählung; die zusätzlichen Paragraphen sind vermerkt. – Eine detaillierte Gegenüberstellung der Anordnung der Paragraphen im NG und in Harm. App3 enthalten die Konkordanzen.

[21] Diese sechs neuen Paragraphen behandeln – unter Verweis auf Natur- oder Volksrecht oder auf hauptstädtisches Recht (τῷ φυσικῷ ἤγουν ἐθνικῷ νόμῳ … ἢ τῷ πολιτικῷ) – fast ausschließlich Eigentum und Bejagung von Wildtieren am Boden, im Meer und in der Luft, besonders auf privatem Grundbesitz, die Rechte an Tieren, die in Privateigentum sind, sich jedoch außerhalb des im Besitz ihres Eigentümers befindlichen Gebietes befinden, und in § 3 die Imkerei und die Rechte an Wachs und Honig von Wildbienen.

§ 17: Verpflichtung zur Abweisung bzw. Rückgabe von nicht in eigener Verfügungsgewalt befindlichen Landwirten aus anderen Dörfern.

2. „Über Diebstahl“ (Β΄. Περὶ κλοπῆς, insgesamt 13 §§)

3. „Über Hirten“ (Γ΄ Περὶ ἀγελαρίων, insgesamt 7 §§)

4. „Über Schädigung durch Tiere“ (Δ΄. Περὶ πραίδας ζώων, insgesamt 8 §§)

§ 2: Tötung oder Verletzung von Pferden (mit Verweis auf die lex Aquilia, vgl. Digesten 9.2.2).

5. „Über Schadenersatz“ (Ε΄. Περὶ ζημίας, insgesamt 4 §§)

§ 3: Nutzung fremden Weidelandes (mit Verweis auf die lex Aquilia, vgl. Digesten 9.2.1).

6. „Über Tötung von Tieren“ (Ϛ΄. Περὶ φόνων ζῴων, insgesamt 12 §§)

§ 6: Kämpfe zwischen Nutztieren, mit Todes- oder sonstigen Schädigungsfolgen.

§ 7: Bestrafung dessen, der ein Tier zum Kampf angestachelt hat.

7. „Über Bäume“ (Ζ΄. Περὶ δένδρων, insgesamt 6 §§)

§ 5: Bestrafung als Räuber für das Aushauen von fremden Bäumen, besonders Weinstöcken.

§ 6: Die vorangehende Bestrafung gilt auch für Auftraggeber bzw. Anstifter.

8. „Über Brandstiftung“ (Η΄. Περὶ ἐμπρησμοῦ, insgesamt 6 §§)

§ 6: Brandstiftung bei Getreideschobern oder Getreidespeichern (vgl. *Harm. App3* 8.5, *Proch* 39.18 und *ProchA* 39.34 und 194).

9. „Über Sklaven“ (Θ΄. Περὶ δούλων, insgesamt 5 §§)

10. „Über Schädigungen“ (Ι΄. Περὶ καινοτομιῶν, insgesamt 11 §§).

§ 10: gewaltsames Betreten fremden Ackerlandes mit Todesfolge.

§ 11: Rückgabeforderung gegenüber Fremden, die Ackerland oder andere Sachen nutzen, ist nur über einen Amtsträger (den *archon*) möglich; bei Missachtung des Gerichts ist eine Bestrafung vorgesehen.

Harm. App3 enthält somit, anders als der *Titel* des Pinax im Codex Zaborda („106 Kapitel des Landwirtschaftsgesetzes in Auswahl aus den Büchern Justinians“) angibt[22], insgesamt 103 Paragraphen. Die Angabe dürfte auf eine Verlesung des Schreibers (ρϛ΄ anstelle von ργ΄) zurückzuführen sein.

Außerhalb der griechischen Überlieferung sind Exzerpte und Teilübersetzungen des NG in serbischen Gesetzbüchern erhalten; vor allem in das von Stefan Dušan 1349 promulgierte „Gesetz Justinians“ wurden zahlreiche Bestimmungen des NG, der *Ekloge* und des *Procheiron* aufgenommen[23].

---

22 Tatsächlich verzeichnet der Pinax des Codex Zaborda dann nur die üblichen 85 §§ des NG.

23 Zu den serbischen Versionen siehe Radojičić 1955, Soloviev 1959, 446–448, Blagojević / Čavoški 2007, Angelini 2012, bes. 83f., Angelini 2013 und den Überblick bei Burgmann 2005, bes. 63–66.

Weiters wurde eine russische Übersetzung im frühen 14. Jahrhundert und eine rumänische im 17. Jahrhundert[24] verfasst.

Der NG ist in mehr als 120 Handschriften überliefert[25], von denen der Großteil seit dem 14. Jahrhundert entstand und den NG selbständig oder innerhalb der Hexabiblos des Harmenopulos tradiert (oft auch beides). Einen Überblick über die bis zum 14. Jahrhundert entstandenen Handschriften zeigt das folgende, chronologisch geordnete Handschriftenverzeichnis, dem auch zu entnehmen ist, welche Rechtstexte häufig mit dem NG gemeinsam in einer Handschrift tradiert wurden[26]:

Codices des NG vor dem 14. Jahrhundert	**Zeitnahe Rechtsquellen im Codex**
10. Jahrhundert Vaticanus gr. 2075 (Γ [B], Gr. I, Rept. 249)	N. Nautikos, N. Stratiotikos, Basilika-Exzerpte
10./11. Jahrhundert Marcianus Gr. 579 (B [N], ursprünglicher Umfang: Gr. I, Rept. 302)	N. Nautikos, N. Stratiotikos
11. Jahrhundert: Ambrosianus Q 25 sup. (D [S], Gr. I, Rept. 123) Moskau GIM, Gr. 467 (A, Gr. II, Rept. 347)	N. Nautikos N. Mosaikos, N. Nautikos
11./12. Jahrhundert: Parisinus gr. 1367 (Δ [P], Gr. II, Rept. 182) Sinaiticus 1115 (Θ, Gr. III, Rept. 276)	N. Nautikos, N. Stratiotikos, Basilika-Exzerpte N. Nautikos, N. Stratiotikos, Procheiron

[24] Zur russischen Überlieferung siehe Soloviev 1959, 460f., E. K. Piotrovskaja in Medvedev 1984, 233–264, und Feldbrugge 2009, 71f., 109–111,125f., zur rumänischen Soloviev 1959, 454f.

[25] Repertorium 1995/2010/2017, I 442f., II 284, III 318.

[26] In Sp. 1 werden für jede Handschrift in (…) zunächst die Sigle bei Medvedev 1984 und – falls zutreffend – die Sigle bei Ashburner 1910, 87f. in […] angegeben, wobei mit Ashburners Marcianus gr. 167 [M] der Marcianus gr. 172 (F) gemeint ist; es folgt („Gr. I-VIII") die Zuordnung der Handschriften zu Gruppen in Medvedev 1984 (NG-M) und („Rept.") und ein Verweis auf die jeweilige Nummer im „Repertorium der Handschriften des byzantinischen Rechts"; Sp. 2 weist auf dem NG nahestehende Rechtstexte in der betreffenden Handschrift hin.

Codices des NG vor dem 14. Jahrhundert	Zeitnahe Rechtsquellen im Codex
Vaticanus Barb. 578 (C, Gr. II, Rept. 251)	N. Nautikos, Basilika-Exzerpte
12. Jahrhundert:	
Marcianus gr. 172 (F [M], Gr. I, Rept. 289)	Ekloge, N. Mosaikos, N. Nautikos, N. Stratiotikos
Messanensis S. Salvatoris 114 (J, Gr. I, Rept. 127)	Ekloge, N. Mosaikos, N. Nautikos, Ecloga Privata
Parisinus gr. 1383 (G, Gr. IV, Rept. 188)	N. Mosaikos, N. Nautikos, Ecloga ad Prochiron mutata
Parisinus gr. 1384 (E [Q], Gr. I, Rept. 185)	N. Stratiotikos, Eisagoge Aucta
Vaticanus Gr. 845 (Π, Gr. I, Rept. 230)	N. Nautikos, Procheiron Calabrese
Vaticanus gr. 1168 (H, Gr. X, Rept. 242)	N. Mosaikos, N. Nautikos, N. Stratiotikos, Ecloga Privata Aucta
12./13. Jahrhundert:	
Cryptoferrensis Z γ III (P, Gr. I, Rept. 79)	Ekloge, N. Nautikos, N. Stratiotikos, Ecloga Privata Aucta
13. Jahrhundert:	
Ambrosianus A 45 sup. (Rept. 119)	keine zeitnahen Rechsquellen im Codex
Ambrosianus M 68 suppl. (L, Gr. IV, Rept. 122)	Ekloge, N. Nautikos, N. Stratiotikos
Ambrosianus Q 50 suppl. (Λ, Gr.VIII, Rept.124)	Ekloge, N. Nautikos, N. Stratiotikos, Procheiron, Eisagoge aucta
Monacensis Gr. 303 (O, Gr. IV, Rept. 140)	N. Nautikos, N. Stratiotikos, Eisagoge Aucta
Vallicellianus F 13 (c, Gr. VII, Rept. 273)	Procheiron
Vaticanus gr. 690 (I, Gr. II)	keine zeitnahen Rechsquellen im Codex
Parisinus gr. 1381A (Ψ, Rept. 185)	N. Stratiotikos, Eisagoge Aucta
13./14. Jahrhundert:	
Atheniensis EB 1377 (t, Gr. II, Rept. 430)	N. Mosaikos, N. Nautikos
Lipsiensis Univ. 45 (Ξ, Gr. V, Rept. 102)	N. Nautikos, N. Stratiotikos, Procheiron
Vallicellianus E 55 (K [G], Gr. I, Rept. 272)	N. Nautikos, N. Stratiotikos
Vaticanus gr. 844 (Gr. V, Rept. 229)	N. Nautikos, N. Stratiotikos, Procheiron
Vindobonensis iur. gr. 15 (N, Gr. VI, Rept. 319)	N. Nautikos, N. Stratiotikos, Procheiron
Zaborda 121 (U, Gr. I, Rept. 327)	Ekloge, N. Nautikos, N. Stratiotikos, Procheiron

Dem NG nahestehende Regelungen und Sanktionsbestimmungen in unterschiedlichem Ausmaß findet man in folgenden byzantinischen Rechtsbüchern: *Ekloge ton nomon* (*Ekl*) der Kaiser Leon III. und Konstantinos V. (wahrscheinlich promulgiert 741), *Nomos Mosaikos* (*NMos*, datiert im Kontext der *Ekloge*, also Mitte oder 2. Hälfte des 8. Jahrhunderts)[27], „photianische" *Eisagoge* („Epanagoge") *tu nomu* (*Eis*) der Kaiser Basileios I., Leon VI. und Alexandros (886), *Basilika* (*Bas*, auf der justinianischen Kodifikation beruhend, wahrscheinlich um 888 abgeschlossen) und *Procheiron* (*Proch*) Kaiser Leons VI. (907). Ab dem 10. Jahrhundert enthalten spätere Bearbeitungen der genannten Rechtsbücher in unterschiedlicher Zahl Regelungen des NG[28]: *Eisagoge Aucta* (*EisA*), *Ekloge Aucta* (*EklA*), *Ekloge Privata Aucta* (*EklPA*), und *Procheiron Auctum* (*ProchA*) [29]. – In großer Zahl übernahm die *Ecloga ad Prochirum mutata* (*EklProchM*) Bestimmungen des NG[30].

DIE BISHERIGE FORSCHUNG ZUR ENTSTEHUNG DES NG

Die Erforschung des NG seit dem Ende des 19. Jahrhunderts beruht wesentlich auf Karl Eduard Zachariä von Lingenthal und Walter Ashburner[31], der sich mit manchen Ergebnissen oder Thesen Zachariäs kritisch auseinandersetzte. Das Interesse an offenen Fragen zum NG intensivierte sich ab der Mitte des 20. Jahrhunderts. Die Diskussion über einige von ihnen soll hier dargestellt werden:

Als Orte oder Regionen der Entstehung bzw. Verschriftlichung des NG wurden Süditalien, die Balkanhalbinsel, Kleinasien und Konstantinopel vorgeschlagen[32]. Auch aufgrund der folgenden Argumentation hinsichtlich einer

---

[27] Zum *Nomos Mosaikos* siehe zuletzt Humphreys 2015, 171–178, und Chitwood 2017, 114–118.

[28] Zu Details siehe jeweils die Anmerkungen zur Übersetzung und die Konkordanzen 4 und 5.

[29] Allgemein zu den genannten Texten Burgmann 1983, bes. 59–79, und Troianos 2011, 160–179 (Kap. 4.4) und 240–272 (Kap. 5.3–4); siehe auch Troianos 2017, 118–137 und 191–219).

[30] Insgesamt 65 der 85 Paragraphen, siehe hierzu Konkordanz 3. – Zur besonderen Nahbeziehung zwischen dem NG und der *Ekloge* sowie der *Ecloga ad Prochirum mutata* (*EklProchM*) siehe bereits Dölger 1952.

[31] Zachariä von Lingenthal 1892, 249–257, Ashburner 1910 und 1912.

[32] Allgemein zu diesem Abschnitt siehe Humphreys 2015, 196–201, mit ausführlicher Forschungsgeschichte und Bibliographie, und Chitwood 2017, 7–14 und 110–118; speziell

Nähe zur *Ekloge* halte ich Konstantinopel für den wahrscheinlichen Entstehungsort des NG in der uns vorliegenden Fassung.

Die Frage nach dem Zeitpunkt der Verschriftlichung des NG oder etwaiger nicht erhaltener, durch Gewohnheitsrecht[33] geregelter Vorformen wurde vielfach diskutiert und ist nicht endgültig beantwortet[34]. Zweifelsfreie Erwähnungen des NG findet man in byzantinischen Quellen nicht vor der ersten Hälfte des 9. Jahrhunderts[35]. Damals bezog sich Ignatios Diakonos in einem Brief an den Spatharokandidatos Gregorios eindeutig auf den ihm offenbar bekannten NG[36]. Spätere Hinweise findet man in einem Brief des Johannes Apokaukos (Wende 12./13. Jahrhundert)[37], in einer Predigt des Patriarchen Germanos II. (1223–1240)[38] und in einem Beschluss der Konstantinopler Synode vom Juni 1325[39]. Aus der Erwähnung bei Ignatios Diakonos ergibt sich als *terminus ante quem* für die Entstehung des NG (in der frühesten erhaltenen Form) der Beginn des 9. Jahrhunderts.

Auch im Zusammenhang mit der Entstehungszeit des NG und möglichen Einflüssen auf seine Entstehung wurde eine Vielfalt von Überlegungen angestellt und kritisch diskutiert. Wenn Titelvarianten in Handschriften ab dem 10. Jahrhundert sowie der Pinax des Codex Zaborda 121 (f. 128^{v}, Ende

---

zur Verortung Kazhdan 1991, Brubaker / Haldon 2001, 290, und zuletzt Humphreys 2015, 195f. – Simon 1976, 116, will Dölgers Annahme (Dölger 1945, 18ff.), dass der NG in Unteritalien entstanden sein könnte, nicht ausschließen, stellt sie aber doch deutlich in Frage. Dass die Entstehung des NG in Thessalonike erfolgt sei, wie zuletzt Margetić 1985 vorschlug, hat Köpstein 1995 zurückgewiesen.

33 Ein grundsätzliches Bedürfnis von Gesetzgebern, bisher συνηθείαις geregelte Sachverhalte durch νόμοι zu ersetzen, kommt beispielsweise im Prooimion von Leon, Novellae, Z. 36–40 zum Ausdruck.

34 Überblick über die bisherigen Publikationen bei Troianos 2011, 386–391 (siehe auch Troianos 2017, 128–131) und öfters. – Diskussion, kritische Würdigung und weiterführende Überlegungen vor allem bei Pieler 2007 und Burgmann 2009.

35 Die Bemerkung Αἱ συκαῖ σου ... καὶ τοῦτο νόμος ἐστὶ γεωργοῖς in einem Brief des Theophylaktos Simokattes aus dem frühen 7. Jahrhundert nimmt auf die Kapitel 45–56 der *Geoponika* Bezug, in denen die Aufzucht von Feigenbäumen behandelt wird.

36 Ignatios Diakonos, Brief 1; siehe auch den Kommentar von Cyril Mango, ebd. 163.

37 Apokaukos, Brief 11.

38 Germanos 4.235f.

39 Patriarchatsregister I, 93.59f. (... κρατήσῃ ἡ τοπικὴ συνήθεια κατὰ τὸν γεωργικὸν νόμον.). – Hingegen verwendet der Traktat des Erzbischofs Eustathios von Thessalonike über das Mönchsleben (*De emendanda vita monachica*) in c. 39, Z. 22–25, νόμος γεωργικός in einem allgemeinen Sinn.

13./Anfang 14. Jh.[40]) und (wenig später) Harmenopulos im Titel des dritten Appendix der Hexabiblos einen Kaiser Justinian als Urheber des Gesetzes bezeichnen, so böten sich zunächst beide Kaiser dieses Namens an. Tatsächlich wurde Justinian II., näherhin in seiner ersten Regierungszeit (685–695), im Zusammenhang mit dem Trullanum (691) vorgeschlagen[41]. Doch ist seine Urheberschaft oder diesbezügliche Initiative unwahrscheinlich, da das Konzil kirchenrechtliche Belange behandelte und über eine weltliche gesetzgebende Tätigkeit dieses Kaisers wenig bekannt ist[42]. Der Hinweis dürfte sich also auf Justinian I. beziehen. Inhaltlich bietet der NG für eine solche Zuordnung zwar auch in Bezug auf Justinian I. wenige konkrete Anhaltspunkte, doch hat Peter Pieler zu Recht festgestellt, dass der (in den frühen Handschriften des NG ja nicht überlieferte) Verweis nur Justinian I. gelten könne, da „die justinianische Kompilation das Leitfossil der byzantinischen Rechtsliteratur vom Anfang bis zum Ende der byzantinischen Rechtsentwicklung in geradezu monoton wirkender Ikonenhaftigkeit bildet“[43].

Seit 1976 verfasste Helga Köpstein zahlreiche Beiträge[44], in denen sie die Entstehung des NG in die Zeit Ende des 7. / Anfang des 8. Jh. datiert[45]; sie

---

[40] Politis 2012, 95–105, hier 98. – Dass der Pinax in der vorliegenden Form unabhängig von der ursprünglichen Verschriftlichung, also später entstanden ist, lässt sich daran erkennen, dass er in manchen Fällen Unklarheiten des Textes durch Präzisierungen beseitigt (§§ 30, 84), in anderen dem Text widerspricht oder ihn missversteht (§§ 15, 31, 45, 73); siehe die entsprechenden Anmerkungen zur Übersetzung.

[41] Diesbezügliche Überlegungen von Vernadsky 1925, 172f., der u. a. mit der Adresse Τῷ εὐσεβεστάτῳ καὶ φιλοχρίστῳ βασιλεῖ Ἰουστινιανῷ ... der Kanones des Trullanum, Pinax 1, argumentiert.

[42] So schon Dölger 1945 und vertiefend Burgmann 2009; Köpstein 1978, 58, lässt die Frage offen. Jedenfalls sind keine Novellen Justinians II. erhalten, die weltliches Recht zum Inhalt haben. – Ausführlich behandelt Humphreys 2015, 36–81, das Trullanum.
Dass Harmenopulos' Formulierung „in Gott verewigt“ im Widerspruch zu Justinians II. Todesart steht, sei am Rande vermerkt (Zu seiner Ermordung im Jahr 711 siehe Theophanes zum Jahr 6203).

[43] Pieler 2007, 490, der auch auf Dölger 1945, 18f. verweist.

[44] Köpstein 1976, 1978, 1983a, 1983b, 1986, 1993 und 1995, siehe die Bibliographie.

[45] Köpstein 1983a, 72: „... das Bauerngesetz, der Nomos georgikos, der sehr wahrscheinlich in die Zeit Ende des 7. / Anfang des 8. Jh. zurückgeht und die Situation im byzantinischen Dorf des 7. und 8. Jh. widerspiegelt“; siehe auch Köpstein 1978, 58. – In späteren Zusammenfassungen datiert sie den NG dann an den „Anfang des 8. Jh.“ und sieht ihn „als eine Anf. 8. Jh. für praktische Zwecke zusammengestellte Sammlung geltender Rechtsbestimmungen ..., die Dorfgemeindeverhältnisse des 7./8. Jh. reflektiert“ (Köpstein 1986, 77 und 78f.), bzw. gibt als „vermutete Entstehungszeit 7.–Mitte 8. Jahrhundert“ an (Köpstein 1993).

nannte unter anderem die Entstehungszeit der Themen (aber auch die damit zusammenhängende Entstehung der „Soldatengüter“) als Bezugspunkte. In einem weiteren Beitrag betonte Köpstein unter Hinweis auf die in den §§ 30, 58, 61, 64, 65 und 75 des NG verhängten Körperstrafen die sachliche und zeitliche Nähe zur Ekloge[46]. Zudem wies sie darauf hin, dass bereits Ende des 6. Jahrhunderts „ausdrücklich zwischen χωρία ἐλευθερικά und Dörfern, die dem Fiskus oder einem privaten Grundherrn gehören, unterschieden wird“[47], wobei sie die *choria eleutherika* dem bäuerlichen Siedlungstypus zuordnet, dessen Funktionalität im NG geregelt wird. Bedenkt man die massiven und weiträumig wirksamen demographischen Einbrüche, die sich durch die „justinianische“ Pest und deren mehrfache Wiederkehr über mehrere Generationen hinweg, sowie durch die wenig später einsetzenden awaro-slawischen Migrationsbewegungen und die Perserkriege bis in die Herrschaftszeit des Herakleios ergaben, so ist ein solcher Wandel der sozialen Strukturen der nichtstädtischen Gesellschaft in dieser Zeit gut argumentierbar. In ihrer chronologischen Einordnung steht Köpstein der Einschätzung Zachariäs nahe, während Ashburner gegen dessen Argumentation bezüglich einer Nähe zur Ekloge argumentiert und Elemente der vorjustinianischen und speziell der visigothischen Gesetzgebung in den Vordergrund stellte[48].

Anders als Köpstein ging Andreas Schminck davon aus, dass der NG „auf Photios’ Initiative“ zurückgehe[49], wobei er auf platonisches Gedankengut im NG verwies und daher die „Platon-Renaissance“ zur Zeit des Patriarchen Photios für den wahrscheinlichen Entstehungszeitraum voraussetzte. Diese These wurde kritisch diskutiert und darauf verwiesen, dass die Lehren Platons nicht erst zur Zeit des Patriarchen Photios bekannt gewesen seien[50];

---

46 Köpstein 1983b, 152 (zu ergänzen: § 33), siehe auch Köpstein 1976, 30. – Siehe auch Sinogowitz 1957.

47 So Köpstein 1983b, 155. – Köpstein bezieht sich auf die *Nov. postj.* 12 des Kaisers Tiberios II. Konstantinos (Περὶ τῶν θείων οἰκιῶν), c. 4: … Ἀλλ’ οὐδ’ ἐνοίκους τῶν ταῖς βασιλικαῖς οἰκίαις προσηκόντων οἰκημάτων, οὐδὲ γεωργοὺς ἀλλοτρίους ἢ ἕτερόν τινα τῶν πάντων ἐνεργολαβεῖν τοὺς τῶν θείων οἴκων προεστῶτας καὶ προστασίαν αὐτοῖς ἀπονέμειν ἢ τὸ λεγόμενον πατρωνίκιον ἀπὸ χωρίων τινῶν ἐλευθερικῶν („im Besitz von ἐλεύθεροι“) ἢ ἐξακτωρικῶν ἢ βουλευτικῶν ἢ ἑτέροις ὅλως προσηκόντων λαμβάνειν, ἀποστῆναι δὲ τούτων ἁπάντων. – Die lateinische Entsprechung zu ἐλευθερικός ist *liberalis*, vgl. *CIC Nov.* 30 (*De proconsule Cappadociae*, AD 536), c. 1 (S. 224, Z. 18).

48 Ashburner 1910, 85f., und 1912, 71—76 und 83—86.

49 Schminck 1999, 178.

50 Zur Kritik siehe Humphreys 2015, bes. 185—188, und Pieler 2007, 491—493, hier 491: „Schminck hat die bestimmende Funktion des biblischen Rechts im Bauerngesetz mit der

Schminck vertiefte in weiteren Überlegungen sein Plädoyer für eine Datierung in die Zeit des Patriarchen Photios. Er ging zusätzlich von Einflüssen des Alten Testaments aus und vermutete, dass der *Nomos Mosaikos* „am Beginn der Renaissance des Rechts in der zweiten Hälfte des 9. Jahrhunderts" stehe und ebenfalls „ein auf Initiative des Patriarchen Photios während dessen erster Amtszeit ca. 866 angefertigter Gegenentwurf zur Ecloga der ‚isaurischen' Kaiser Leon III. und Konstantinos V." sei[51]. In der *Ekloge* der Kaiser Leon III. und Konstantinos V. sah er zwar eine Vorlage für den NG, lehnte aber dessen Entstehung zur Zeit der „isaurischen" Kaiser weiterhin ab[52].

Hinsichtlich der von Schminck vermuteten platonischen Bezüge des NG sei der entsprechende Abschnitt des Ausgangspunkts seiner Überlegungen in Buch 8 der *Nomoi* zitiert, auf das sich auch spätere griechische Texte beziehen. Platon spricht in den *Nomoi* über die Notwendigkeit, die Aktivitäten bestimmter Berufsgruppen gesetzlich zu regulieren, und stellt fest, dass „der für diese Stadt [scil. Athen] zuständige Gesetzgeber" (ὁ περὶ ταύτην τὴν πόλιν νομοθέτης) unter anderen „für Landwirte und Hirten und Imker ... Gesetze erlassen werde" (γεωργοῖς δὲ καὶ νομεῦσι καὶ μελιττουργοῖς ... νομοθετήσει); anschließend präzisiert Platon:

> *Die ersten dieser Gesetze nun seien die sogenannten Bauerngesetze, und von ihnen soll das oberste und erste das des Zeus, des Hüters der Grenzen, sein und folgendermaßen lauten: Keiner verrücke die Grenzsteine zwischen seinem und des Nachbars Boden, gleichviel ob dieser letztere*

Benützung platonischen Gedankenguts kombiniert und daraus auf die Autorschaft des Patriarchen Photios geschlossen".

51 Schminck 2005a, 266.

52 Schminck 2005b, 70: „Die Ecloga diente also dem Nomos Georgikos als Vorlage, aber dies erlaubt nicht die Schlußfolgerung, daß der letztere ebenfalls ein Gesetz der ‚isaurischen' Kaiser Leon III. und Konstantinos V. war (so Zachariä von Lingenthal) oder zumindest ungefähr in deren Regierungszeit (717–741 und 741–775) verfaßt wurde (so zuletzt Peter Pieler). Vielmehr ist der Nomos Georgikos – oder zumindest der Beginn seiner Ausarbeitung – auf das Ende der ersten Amtszeit des Photios zu datieren, der am 25. September 867 von dem neuen Kaiser Basileios I. (867–886) abgesetzt wurde, und Photios muß auch als spiritus rcctor dieses legislatorischen Unternehmens zu Beginn der sogenannten "makedonischen-Rechtsrenaissance" angesehen werden. Für die bisweilen (zuletzt von Pieler) geäußerte Annahme, daß der Nomos Georgikos auf Gerichtsurteile bzw. die ‚Rechtspraxis' zurückgehe, gibt es keinerlei Indizien". – Mit den „isaurischen" sind die „syrischen" Kaiser (Regierungszeit von 717–802) gemeint.

ein Mitbürger seines Staates ist, oder ob man sein Besitztum an der äußersten Grenze des Landes und daher einen Fremden zum Nachbarn hat. Jedermann denke vielmehr, dass dies in Wahrheit das Unantastbare antasten heiße, und er denke daher lieber den größten Felsen wegrücken zu wollen als jenen kleinen Stein, welcher, durch Eide die man den Göttern schwur, geheiligt, die Grenzscheide der Freundschaft und Feindschaft bildet.[53]

Dieser Abschnitt der *Nomoi* weist tatsächlich hinsichtlich des Verbots der Verletzung von Grundstücksgrenzen eine Übereinstimmung mit § 1 des NG auf, doch darf der Inhalt im Zusammenhang mit *jeder* Bodenbewirtschaftung als so selbstverständlich betrachtet werden, dass daraus keine Kenntnis oder Abhängigkeit hergeleitet werden kann[54].

Weitere Autoren, die (indirekt) auf Platon Bezug nehmen, sind (im 5. und 6. Jahrhundert n. Chr.) Johannes Stobaios[55] und Chorikios von Gaza[56]. Bei-

---

[53] Πρῶτον δὴ νόμοι ἔστωσαν λεγόμενοι τοὔνομα γεωργικοί. Διὸς ὁρίου μὲν πρῶτος νόμος ὅδε εἰρήσθω· Μὴ κινείτω γῆς ὅρια μηδεὶς μήτε οἰκείου πολίτου γείτονος, μήτε ὁμοτέρμονος ἐπ' ἐσχατιᾶς κεκτημένος ἄλλῳ ξένῳ γειτονῶν, νομίσας τὸ (843a) τἀκίνητα κινεῖν ἀληθῶς τοῦτο εἶναι· βουλέσθω δὲ πᾶς πέτρον ἐπιχειρῆσαι κινεῖν τὸν μέγιστον ἄλλον πλὴν ὅρον μᾶλλον ἢ σμικρὸν λίθον ὁρίζοντα φιλίαν τε καὶ ἔχθραν ἔνορκον παρὰ θεῶν, Platon, Nomoi 842e–843a; Übersetzung auf der Grundlage der Übersetzung von F. Susemihl bearbeitet. – Ausserdem enthält das 9. Buch (853a) einen kurzen Hinweis auf die Gesetzgebung κατὰ γεωργίας.
Der Vollständigkeit halber sei eine Textstelle in dem wenig später, im 4. Jahrhundert v. Chr. entstandenen ps.-platonischen Dialog *Minos* zitiert: ΣΩ. Ἆρ' οὖν καὶ τὰ γεωργικὰ συγγράμματα γεωργικοὶ νόμοι εἰσίν; — ΕΤ. Ναί. — ΣΩ. Τίνων οὖν ἐστιν τὰ περὶ κήπων ἐργασίας συγγράμματα καὶ νόμιμα; — ΕΤ. Κηπουρῶν. — ΣΩ. Κηπουρικοὶ ἄρα νόμοι ἡμῖν εἰσιν οὗτοι. — ΕΤ. Ναί. — ΣΩ. Τῶν ἐπισταμένων κήπων ἄρχειν; — ΕΤ. Πῶς δ' οὔ; — ΣΩ. Ἐπίστανται δ' οἱ κηπουροί. — ΕΤ. Ναί, Platon, Minos 316de; Übersetzung auf der Grundlage der Übersetzung von Fr. E. D. Schleiermacher bearbeitet. – Siehe auch Minos 317d.

[54] Auch die Regelungen bezüglich der Imkerei in § 3 des Prologs von *Harm. App.3* gehen auf *Bas.* 50.1.4–5 zurück; sie lassen keinen Zusammenhang mit Platons *Nomoi* erkennen.

[55] ... Ἔτι δὲ καὶ τόδε ἐν αὐτῷ θεασώμεθα· τίς ἐπιστήμων διανεῖμαι ἐπὶ γῇ τὰ σπέρματα; — Γεωργός. — Οὗτος δὲ τὰ ἄξια σπέρματα ἑκάστῃ γῇ διανέμει; — Ναί. — Ὁ γεωργὸς ἄρα νομεὺς ἀγαθὸς τούτων, καὶ οἱ τούτου νόμοι καὶ διανομαὶ ἐπὶ ταῦτα ὀρθαί εἰσιν; — Ναί ..., Johannes Stobaios 4.2.10.

[56] „εἰς τὸ τὴν ἐτήσιον ἀποδοῦναι τοῖς ἀκροωμένοις μελέτην": Ἆρα ἄν, ὦ φιλότης, εἴ μοι περὶ ἀγροὺς ἐτύγχανεν οὖσα ἡ τέχνη καί τινα ὑμῖν ἄρουραν εἰργαζόμην, ἆρα ἄν μοι συνέγνωτε τὴν ἐγκύκλιον ἀποστεροῦντι φορὰν τήν γε ὥραν ὑπερβάντι τοῦ ἔτους, ᾗ τὰς προσόδους κομίζειν γεωργοῖς νόμος; εἰ οὖν ἀγροίκων εὐθύνονται παῖδες, ἡνίκα

der Texte bestätigen, dass der Inhalt von Platons *Nomoi* in gelehrten Kreisen kontinuierlich – und in byzantinischer Zeit auch vor Photios – bekannt war, sie sind jedoch hinsichtlich einer Verbindung mit dem NG unergiebig. Dies gilt in unserem Zusammenhang auch für Textstellen des Alten Testaments, in denen bei Bibelinterpreten der spätantik-frühbyzantinischen Periode, wie Philon von Alexandria, Severian von Gabala oder Antiochos von Saba[57], die Wortfelder νομ- und γεωργ- zusammentreffen.

Die auf Zachariä von Lingenthal zurückgehende These eines Einflusses altslawischer Rechtsgewohnheiten auf Entstehung und Inhalt des NG[58] wurde seit langem relativiert bzw. bezweifelt und gilt nunmehr als überholt[59]. Demgegenüber stellten Pieler und Schminck biblisches bzw. christliches Denken im NG in den Mittelpunkt ihrer Überlegungen zur Entstehung des NG: Pieler behandelte Komponenten des Alten Testaments in Texten des 7. bis 10. Jahrhunderts, darunter auch im NG[60], wobei er besonders die Übertragung der Bezeichnung der Israeliten als *laos periusios* („auserwähltes Volk") auf das byzantinische Umfeld hervorhob. Er bevorzugte eine Datierung der Entstehung des NG in der Regierungszeit der „isaurischen" Kaiser, also am Beginn des Ikonoklasmus, gegenüber der Zeit der Herrscher der

---

ὀφείλουσιν, ᾗ που ὅσοι μουσικοὺς ὑμῖν γεωργοῦσι λειμῶνας, Chorikios von Gaza, Dialexis 36.1—2.

57 Philon von Alexandria, *De plantatione* 139—141 und *Quod deterius potiori insidiari soleat* 104f., Severian von Gabala, *Fragmenta in epistulam primam ad Corinthios* 227, oder Antiochos von Saba, *Pandecta scripturae sacrae* 81, 9—14.

58 Zachariä von Lingenthal 1892, 249ff., insbes. 253 und 255f.; die Annahme, der NG sei „una raccolta ufficiosa di sentenze e decisioni da alti funzionari – probabilmente dai prefetti di Salonicco durante il secolo VIII per le regioni agrarie con popolazione slava, sottoposta al potere bizantino qualche tèmpo prima della compilazione della Legge", wurde zuletzt von Margetić 1985 vertreten.

59 So schon Vernadsky 1925, 173–179, und vor allem Köpstein 1978, 58f., und 1983b, 152–154, die es – auch unter Berücksichtigung der Textstellen bei Maurikios 11.4 (Τὰ ἔθνη τῶν Σκλάβων καὶ Ἀντῶν ὁμοδίαιτά τε καὶ ὁμότροπά εἰσι καὶ ἐλεύθερα, μηδαμῶς δουλοῦσθαι ἢ ἄρχεσθαι πειθόμενα, καὶ μάλιστα ἐν τῇ ἰδίᾳ χώρᾳ,) und Prokopios, Bella 7.14.22 (τὰ γὰρ ἔθνη ταῦτα, Σκλαβηνοί τε καὶ Ἄνται, οὐκ ἄρχονται πρὸς ἀνδρὸς ἑνός, ἀλλ' ἐν δημοκρατίᾳ ἐκ παλαιοῦ βιοτεύουσι, καὶ διὰ τοῦτο αὐτοῖς τῶν πραγμάτων ἀεὶ τά τε ξύμφορα καὶ τὰ δύσκολα ἐς κοινὸν ἄγεται) – ablehnt, einen „direkten slawischen Einfluß im NG anzunehmen", hingegen zustimmt, dass „mit der Ansiedlung der Slawen auf byzantinischem Gebiet ... die byzantinischen Dorfgemeinden auch zahlenmäßig gestärkt" wurden (Köpstein 1986, 86); in diesem Sinne siehe zuletzt auch Pieler 2007, 490f.

60 Pieler 1997 mit Verweis auf Nörr 1960, 135–137; siehe auch Pieler 1987, wo er den NG im Kontext der *Ekloge* und des *Nomos Mosaikos* sieht.

makedonischen Dynastie, wobei er konkret auf die Paragraphen 21[61] und 36–38 hinwies[62].

Weiters stellte Pieler fest, „dass der Autor neben der für eine Reihe von Kapiteln aufgedeckten Vorbildfunktion des biblischen Rechts sich jedenfalls auch an der römischen Tradition der Byzantiner orientiert hat“, wobei er die Nähe des NG zur Gesetzgebung Justinians I. hervorhob. In diesem Zusammenhang bezog er sich insbesondere auf zwei von Dieter Simon näher untersuchte Rechtstexte[63], deren nahe inhaltliche Verwandtschaft zu den NG-Paragraphen 38 (mit Verweis auf Digesten 9.2.39.1 / Basiliken 60.3.39.1), 50 und 51 (Text I) bzw. 37 (Text II) Simon nachgewiesen hatte. Pieler vertiefte diese Überlegungen, beispielsweise anhand der gegenüber den Digesten insoferne geänderten Strafbestimmung, als diese nun dem Alten Testament (Exodus 21.23f.) folgt, und bekräftigte, dass Text I – wie bereits von Simon als Möglichkeit gesehen – „eine bislang unbekannte Kaisernovelle“ sei, „die auch in zwei weiteren Kapiteln [scil. §§ 50 und 51] des Bauerngesetzes geradezu wörtlich abgeschrieben worden ist“[64]. Pieler stimmt Schminck hinsichtlich der von letzterem betonten sprachlichen Beeinflussung durch die Septuaginta zu, sieht darin jedoch eine literarische Tendenz der „Dunklen Jahrhunderte“ und erkennt demnach „einen geistesgeschichtlichen Bezug des Bauerngesetzes eher zu dem grosso modo niedrigeren Bildungsniveau der isaurischen Epoche als zur makedonischen Renaissance, an der Photios gewiss einen großen Anteil hatte“[65].

WEITERE ÜBERLEGUNGEN ZUR ENTSTEHUNG UND VERSCHRIFTLICHUNG DES NG

Die im voranstehenden Überblick dargestellte Debatte bestätigt, bei allen Unterschieden im Detail, dass es in Byzanz bzw. im jeweiligen Gebiet seiner Rechtswirksamkeit ein – teilweise widerspruchsfreies – Nebeneinander

---

[61] Speziell zu § 21 siehe auch Pieler 2008, der anhand dieses Paragraphen den Ausgleich der Rechte der Grundeigentümer und der Grundstücknutzer diskutiert; siehe hierzu auch Maslev 1976, 14f.

[62] Zu diesen und den im Folgenden angeführten Paragraphen des NG siehe auch die Hinweise in den Anmerkungen zur Übersetzung.

[63] Simon 1976.

[64] Pieler 2007, 496. – Auch die in NG § 7, 37 und 67 genannten *akroatai* (Richter) stellen einen Hinweis auf justinianisches Recht dar, siehe Christophilopoulos 1951.

[65] Pieler 2007, 497, und Pieler, unpublizierter Vortrag vor 2007.

volksrechtlicher Rechtstraditionen und geltenden römischen Rechts gab, wie es im *Corpus Iuris Civilis* und dessen Folgegesetzgebungen festgeschrieben war[66], die allerdings meist nicht in schriftlicher Form erhalten sind. Oft dürften sie regional begrenzt und somit praxisnäher gewesen sein als das traditionelle römische Recht[67].

Manche Indizien lassen eine vom „offiziellen" Recht weitgehend getrennte Vorgeschichte des NG denkbar erscheinen: So wird das staatliche Interesse[68], also die Realität der hohen Belastungen durch Abgaben und Steuern[69], im NG direkt nur in den §§ 18 und 19 und indirekt in denjenigen Fällen angesprochen, in denen die Grenzen von Dörfern (§ 7, scil. als kollektive Steuerschuldner) oder die Probleme der „mittellosen" („verarmten", *aporoi*) Landwirte behandelt werden, die ihre Äcker nicht bewirtschaften können und folglich nicht imstande sind, Abgaben zu entrichten (§§ 11, 13, 14, 18 und 21). Auch die seltene Erwähnung von Entschädigung in Form von Geld[70] spricht für eine weitgehend separate Entwicklung möglicher Vorformen des NG in ländlichen Regionen. Weiters ist (wie übrigens auch im *NMos*) die Strafe der Verbannung (*exoria*) nicht vorgesehen. Hingegen ist die Nichtverwendung des Wortes δάσος für „Wald"[71] deswegen nicht auffal-

---

66 Die Unterscheidung wurde zuletzt von Chitwood 2017, 7–14 (Introduction) und 110–114 (Kap. 4, „The Function of "Private" Law Collections …") behandelt. Inwieweit die von ihm verwendete Charakterisierung als „private law" u. ä. (im Sinne von „privatrechtlich"?) im Fall des NG zutrifft, ist eine semantische Frage. – Hier ist auch erneut auf Kekaumenos (Strategikon 5.218) hinzuweisen, der (aufgrund seiner Lebenserfahrung?) eine eher distanzierte Haltung gegenüber dem Kaiser (und den Interessen der Reichszentrale) zum Ausdruck bringt.

67 Der Kanonist Theodoros Balsamon relativiert die Reichweite des römischen Rechtes in seiner Antwort auf die Anfrage des Patriarchen Markos von Alexandreia, ob er dafür getadelt werden könne, das ihm unzugängliche Gesetzeswerk der Basiliken nicht zu kennen; Balsamon antwortet (Ende des 12. Jahrhunderts): „Nur die, die Rom bewohnen, die Kaiserin der Städte ... die reich ist an vielen Rechtskundigen, sind an deren Fesseln geschmiedet. ... Wer sich aber außerhalb von Rom befindet, nämlich die Landbewohner und die übrigen, um vieles mehr noch die Alexandriner, sind für ihre Unkenntnis des ‚politischen' Gesetzes entschuldigt", K. RALLIS / M. POTLIS, Σύνταγμα τῶν θείων καὶ ἱερῶν κανόνων. Athen 1852–1859 (ND 1960), IV 451.

68 Hierzu Harvey 1990, 16–18.

69 Hierzu ausführlich Kaplan 1986.

70 Lediglich in den §§ 22 und 62 wird ein in *Pholleis* an die Geschädigten zu erlegender Geldbetrag (in *Pholleis*) genannt. Die Kupfermünze *Phollis* (lat. *follis*) entsprach 1/288 des *Nomisma* (à 54g, *hypothetischer* Goldgehalt 100 %).

71 Für „Wald" u. ä. verwendet der NG δρυμός, ἔνυλος χώρα und ὕλη.

lend, da es in ungefähr gleichzeitigen Rechtstexten nur in *Bas* 50.2.2,43, 50.3.153 und in der *Peira* 39.3 (11. Jahrhundert) belegt ist, jeweils in Formulierungen wie χειμερινὰ καὶ θερινὰ δάση oder χειμερινὰ δάση ἢ τοὺς νομαδιαίους τόπους τοὺς θερινούς.

Für eine Praktizierung von Vorformen der ersten schriftlichen Fassung des NG in klimatisch wenig unterschiedlichen[72], meeresfernen, jedenfalls agrarisch ertragreichen Binnenlandschaften spricht die *Nicht*erwähnung von Meeresküsten, Flüssen, Seen und Fischfang[73], von Oliven und (kälteempfindlichen) Ölbäumen, weiters von den bei der Nahrungssuche anspruchlosen Ziegen. Die *Nicht*erwähnung von Maultieren und Pferden[74] ist möglicherweise damit zu erklären, dass erstere vorwiegend dem Lastentransport und letztere überdies oft anderen sozialen Schichten, besonders dem Militär zuzuordnen waren. Auffallend ist, dass die im NG mehrfach verwendete Bezeichnung χοῖρος (§§ 49, 52, 54) für „Schwein" einmal (in § 45) in einigen Handschriften durch das sonst in Rechtstexten wenig belegte ὗς, in einigen anderen (aus religiösen Gründen?) durch κριός („Widder") ersetzt wird.

Gemeinsame Faktoren dieser Landschaften sind ihre Fruchtbarkeit, ihre Waldbestände, die im Zusammenhang mit Mühlen genannten Wasserläufe, die Nutztiere und deren natürliche Feinde (die Wölfe). Diese Faktoren, in Verbindung mit dem Bedürfnis nach einer verbindlichen, möglichst einheitlichen Regelung, legen nahe, dass bei der Verschriftlichung besonders auf die kleinasiatischen und südosteuropäischen Nahbereiche Konstantinopels Bezug genommen wurde[75]. Ein verstärktes, auf diese Regionen bezogenes Interesse ist ab 618/619 (persische Eroberung Ägyptens) anzunehmen, da damals die Getreideversorgung Konstantinopels in Form der alexandrinischen *annona* endete[76] und zusätzlich zu dem bisherigen Angebot aus den

[72] Grundsätzlich zur Interaktion von Klima und Region siehe Izdebski et al. 2016, Haldon et al. 2018 (hier bes. den Abschnitt über "Sicily and the Inland Levant in the Early Middle Ages") und Hirschfeld 2004, jeweils mit weiterer Lit.

[73] Formen des hauptstadtnahen Fischfangs werden in *Leon, Novellae* 57 und 102–104 reguliert; siehe Trapp 1966.

[74] Im Gegensatz dazu werden Esel mehrfach genannt, siehe die §§ 36, 38, 39, 41, 43, [45, 50], 51.

[75] Aus kontinentalen Teilen Kleinasiens wurde Konstantinopel u. a. mit Lebendvieh – Schafen (θρέμματα, ἄρνες) und Schweinen (χοῖροι) – versorgt, die sowohl von Schäfern (προβατάριοι) als auch von Landwirten (χωρῖται) aus Gegenden jenseits des Sangar(i)os (πέρα τοῦ Σαγάρου) angeliefert wurden; siehe EB 15 und 16, sowie Kolias / Chrone 2010, 222f. und 232f.

[76] Mango 1985, 51–53.

Konstantinopel benachbarten Gebieten die zuverlässige Anlieferung von Getreide gewährleistet sein sollte. Dank der damals im Vergleich zum späten 5. und frühen 6. Jahrhundert wesentlich geringeren Zahl an Einwohnern der Stadt war dies unschwer aus Thrakien und dem westlichen Kleinasien möglich.

Ausgehend von der Wahrscheinlichkeit einer Datierung des NG in den Zeitraum zwischen der Mitte des 7. und der Mitte des 8. Jahrhundert sei der Versuch unternommen, die Zeit seiner Entstehung bzw. Verschriftlichung enger einzugrenzen und sein Verhältnis zu den in unterschiedlichem Ausmaß in der justinianischen Tradition stehenden Rechtstexten näher zu betrachten.

Hierfür wird zunächst ein Überblick geboten, in welchen Paragraphen des NG inhaltliche Übereinstimmungen oder verwandte Formulierungen, besonders bei Strafbestimmungen[77], mit Gesetzbüchern und Rechtssammlungen nach der justinianischen Kodifikation bis in das frühe 10. Jahrhundert (*NMos*, *Ekl*, *Eis*, *Bas*, *Proch*), aber auch mit einigen ihrer späteren Bearbeitungen (*EklA, EklPA, EisA, ProchA*[78]) anzutreffen sind[79]:

Ekl 5.5: § 7, 37 – 10.1.1: § 7, 37 – 11.1: § 7, 37 – 17.11: § 6, 9, 14, 19, 22, 30, 33, 34, 35, 36, 41, 42, 46, 47, 54, 58, 60, 61, 62, 63, 68, 69, 70, 75, 79 – 17.13: § 23, 33, 34, 42, 44, 46, 47, 58, 59, 61, 65, 66, 68, 70, 75, 79, 80 – 17.26: § 33 – 17.40: § 20, 57 – 17.42: § 64, 65 – 17.47: § 7, 37; insgesamt 55 Belege

NMos 15: § 44, 45 – 18: § 38, 50, 51, 53, 58, 79 – 20: § 64, 65 – 27: § 39, 43; insgesamt 12 Belege

Eis 40.6: § 33 – 40.21: § 64, 65, 66 – 40.45,50,51,60,69: § 33 – 40.70: § 28 – 40.71: § 33 – 40.89: § 7, 37; insgesamt 9 Belege

Bas 44.10.8: § 19, 22 – 60.3.2: § 6, 36, 41, 54, 75 – 60.3.39: § 33 – 60.15.6: § 33 – 60.18.6: § 33 – 60.39.6: § 58, 64, 65, 66; insgesamt 14 Belege

Proch 13.13: § 1, 2, 6, 13, 16, 19 – 34.49: § 46, 54 – 34.70: § 16, 56 – 39.18: § 64, 65, 66 – 39.51: § 46, 54 – 39.52: § 46 – 39.53: § 33 – 39.55: § 72 – 39.56: § 23, 42, 59, 78, 79 – 39.75: § 56 – 39.76: § 65 – 39.83: § 7, 37; insgesamt 27 Belege

EklA 2.12: § 1, 2 – 17.24: § 64, 65 – 17.26: § 33 – 17.42: § 64, 65; insgesamt 7 Belege

EklPA 12.3: § 7, 37 – 17.8: § 7, 37 – 17.59: § 20, 57 – 17.61: § 33; insgesamt 7 Belege

EisA 12.7: § 19 – 22.37: § 67 – 43.9: § 7, 37 – 52.47: § 33 – 52.112: § 33; insgesamt 6 Belege

ProchA 19,31: § 7, 37 – 23.37: § 7, 37 – 38.88: § 1, 2 – 39.92: § 56 – 39.101: § 33 – 39.152: § 46, 54 – 39.154: § 33 – 39.156: § 13, 59, 80 – 39.159: § 42, 44 – 39.192: § 13, 56, 59, 64, 65, 66 – 39.194: § 44, 64, 65, 66 – 39.200: § 7, 37; insgesamt 28 Belege.

---

[77] Hierzu detailliert Toševa-Nikolovska 2018, bes. 213–219 („The Punishment System").

[78] Nicht im *Procheiron Calabrese*.

[79] Ein Sonderfall ist die *EklProchM* mit insgesamt 65 Belegen, siehe hierzu Konkordanz 3.

Zusammenfassend zeigt sich, dass in 49 Paragraphen des NG (§ 1, 2, 6, 7, 9, 13, 14, 16, 19, 20, 22, 23, 28, 30, 33, 34, 35, 36, 37, 38, 39, 41, 42, 43, 44, 45, 46, 47, 50, 51, 53, 54, 56, 57, 58, 59, 60, 61, 64, 65, 66, 67, 68, 70, 72, 75, 78, 79, 80) wenigstens 165 Affinitäten zu den genannten Gesetzbüchern bzw. Rechtstexten der Zeit vom ausgehenden 6. bis zum Beginn des 10. Jahrhunderts sowie zu deren oben genannten späteren Bearbeitungen zu finden sind.

Zusätzlich erfolgte in zwei Bereichen eine Sichtung, inwieweit sie von der römischen Rechtstradition der justinianischen Gesetzgebung abweichen: den landwirtschaftlich spezifischen Termini und den Straf- bzw. Schadenersatz- und Verwaltungsbestimmungen. Als Ergebnis konnten 58 Termini bzw. terminologische Formulierungen gefunden werden, die nur im NG (und entsprechend auch in *EklProchM* und in *Harm. App3*) enthalten sind[80]. Hiervon sind 31 der Landwirtschaft und der Viehzucht zuzuordnen: ἀγελάριος, ἀμέλγω, ἄχυρον, βουττίον, δράγμα, δυνάστης κυών, ἐγκλείω, ἐμπείρω, ἔνυλος χώρα, ἐπισκιάζω, θηριόβρωτος, θηριομάχος κυών, κλαδευτήριον, κλωνοκοπέω, κυλλόω, κώδων, λίσγον, λυκόομαι, μάγγανον, νεατός, νεύω, νέωσις, ὀπωροφύλαξ, πᾶλος, ποιμαίνων κύων, συκῆ, σύννομος κύων, ὕδωρ ... χωράφια, ὑλοκοπία, ὑνή, ὑπαγγρίζω. Dem zweitgenannten Bereich sind 27 Belege zuzuordnen: ἀβλαβές ... ποιεῖν, ἀλλοτριοῦσθαι ... ὡς κλέπτης (τῆς ἐπικαρπίας), ἀναίτιος ἔστω, ἀντιτοπία, αὐθέντης, διασκαφίζω, διαχλευάζω, ἐκστραόρδινον, ἑπταετία, ἡμισιατής, θεοκατάρατος, κοινότης τοῦ χωρίου, κολοβός, κολοβόω, μάστιξ, μερισία, μισθωτὸς ποιμὴν, μορτίτης, ξενιτεύω, οὐροκοπέω, παρορία, παρορίζω, σκαρφίον, τὴν χεῖρα σφραγίζειν, χιτώνων στερεῖσθαι, χωροδότης, ὠτοκοπέω.

Schließlich wurden die einleitenden Wörter bzw. Formeln der einzelnen Paragraphen untersucht[81]: Die Einleitung erfolgt in 65 Fällen durch „Wenn" in Verbindung mit einem anschließenden Konditionalsatz (Ἐάν / ἐάν: §§ 3–9, 12–19, 21–29, 31–36, 48, 50–51, 72–73, 76, 82–85, bzw. Ἐάν ... τις: §§ 2, 11, 30, 37–47, 49, 52–56, 77–81). Da Ἐάν (mit ungefähr 6700 Belegen, wovon ungefähr 900 Ἐάν ... τις) als ein „Standardbeginn" der Paragraphen in byzantinischen Rechtstexten fungiert, überrascht diese Dominanz nicht[82]. Es folgen die Einleitungswörter „Die" (Οἱ: §§ 60–67, 70) und „Wer" (Ὁ,

---

[80] Zu Details des folgenden Überblicks siehe die Wortregister.

[81] Burgmann 2009, 61.

[82] Im Pinax des Codex Zaborda beginnen alle 85 Titel mit „Über (Περί)"; dies entspricht ebenfalls den Standards in Rechtstexten (im TLG ca. 2000 Belege).

eigentlich „Der": §§ 20, 57–59, 68–69, 71, 74–75) in Verbindung mit einer anschließenden Partizipialkonstruktion.

Von den beiden Ausnahmen ist § 1, der mit „Es soll" (Χρή) beginnt, wenig auffällig, da es hierfür auch weitere Belege gibt[83]. Ungewöhnlich ist der Beginn des § 10 mit „Des Pächters Anteil" (μορτίτου μέρος), der nur an dieser Stelle und in *EklProchM* 25.7 belegt ist, was allerdings mit der inhaltlichen Zusammengehörigkeit der §§ 9 und 10 zu erklären sein dürfte[84].

ZUSAMMENFASSUNG DER ERGEBNISSE

Aus den vorangehenden Überlegungen lässt sich zusammenfassend folgende mögliche Entstehungsgeschichte der frühesten uns vorliegenden schriftlichen Form des NG skizzieren: Während unterschiedlich langer Zeiträume[85] wurde regional nach Bedarf stark variierendes Gewohnheitsrecht in den Bereichen der Landwirtschaft und der ortsfesten Viehzucht mündlich tradiert. Dieses Gewohnheitsrecht wurde – zunächst vielleicht ohne juristischen Beistand – verschriftlicht und teilweise[86] vereinheitlicht. In einer weiteren Phase wurde der Versuch unternommen, diese Sammlung formal und sprachlich mit der zur Zeit seiner Verschriftlichung aktuellen Gesetzgebung in Übereinstimmung zu bringen; hierbei fanden auch Veränderungen bei Strafen und Schadenersatz Berücksichtigung, die nach der justinianischen Kodifizierung erfolgten.

Die Häufigkeitsanalyse der oben aufgezählten 27 Termini oder terminologischen Formulierungen im Bereich von Recht, Schadenersatz und Strafe weist – auch zeitlich passend – auf eine Nähe des NG zum *Nomos Mosaikos*[87] und zur *Ekloge* hin, während die weiteren terminologisch nahestehenden Rechtsbücher bereits nach der in Betracht kommenden Entstehungszeit liegen (*Eis*, *Bas* und *Proch*)[88]. Sonderfälle stellen die *Ecloga ad Prochirum*

---

[83] Χρή als Beginn ist auch belegt in *EisA* 8.7 und *ProchA* 7.47, 27.192, Οὐ χρή in *Eis* 15.6, *EisA* 13.7, *Proch* 2.8 und *ProchA* 1.18, 2.17, 17.34, 27.67, 28.30, 39.18, 39.225, Οὐδένα χρή in *ProchA* 39.28 und 39.233.

[84] Siehe hierzu die Anmerkungen zu § 10.

[85] Näherhin wahrscheinlich nach 500 n. Chr., also während des als „Dark Ages Cold Period" charakterisierten Zeitraumes, siehe bes. Telelis 2008, 185–187 und Appendix, 195–199.

[86] Mit Ausnahmen: So wurden für „(ab)ernten" die Verben ἐπιτρυγάω (§ 18), τρυγάω (§§ 19 und 79) und θερίζω (§§ 6, 9 und 78) offenbar jeweils aus den Vorlagen übernommen.

[87] Auf die Nähe zum *NMos* verweist auch Humphreys 2015, 169–172.

[88] Hier können die Basiliken als Repräsentant der griechischen Terminologie der justinianischen Gesetzgebung gelten.

mutata und der Appendix 3 des Harmenopulos dar[89]. Inwieweit letztere praktiziertes Recht widerspiegelt, sei dahingestellt. Die Veränderungen in den Bereichen Schadenersatz und Strafe stellen den NG ebenfalls in die Nähe der *Ekloge*[90] (ἀζήμιον ... ποιεῖν, ἀνέγκλητος ἔστω, ἀπόλλειν, γλωσσοκοπεῖσθαι, διπλῇ ποσότητι u. ä. Formulierungen, [οὐ] καταδικάζεσθαι, μαστίζειν, τηρεῖν ... οἱ ἀκροαταὶ, τύπτεσθαι σφοδρῶς, τυφλεῖσθαι, φουρκίζεσθαι[91], χειροκοπεῖσθαι); besonders auffallend ist hier die Bezeichnung der Richter als ἀκροαταί (entsprechend lateinischem *auditores*) in Verbindung mit τηρείτωσαν in den §§ 7, 37 und 67[92].

Sprachlich verweisen auch weitere verwandte Formulierungen des NG auf die *Ekloge*[93]. Die Eingangsformeln der *Ekloge* – 15 Belege für Ἐάν (vorwiegend in Titel 17), 15 für Ἐάν τις bzw. τινες, 20 für Οἱ vorwiegend in den Titeln 14 und 17) und 40 für Ὁ (vorwiegend in Titel 17) – widersprechen diesem Befund nicht. Hinzu kommt schließlich, dass auch die durchgängig gemeinsame handschriftliche Tradition als Bestandteil des „Appendix" zur *Ekloge* den NG eng an die *Ekloge* anbindet[94]. Einen weiteren indirekten Datierungshinweis bietet vielleicht die *Chronographia* des Theophanes zu AM 6235 (p. 419 de Boor): Die Chronik berichtet über die Hungersnot in Konstantinopel und die in der Folge extrem gestiegenen Preise für Gemüse, Olivenöl und Wein während Kaiser Konstantin V. im Herbst 743 den in der Stadt befindlichen Usurpator Artabasdos belagerte.

Für eine Datierung der Verschriftlichung des NG in seiner erhaltenen Form bietet sich somit als wahrscheinlicher Zeitraum das Umfeld der Entstehung der *Ekloge* an, also die Jahre kurz vor oder (wahrscheinlicher) bald nach ihrer Promulgierung (wahrscheinlich im März 741)[95]. Auf eine Promulgation des NG oder dessen Inkraftsetzung in anderer Form gibt es

---

[89] Zu den Einzelbelegen der *Ecloga ad Prochirum mutata* und des Appendix 3 siehe die Konkordanzen 1–3.

[90] Hierzu Sinogowitz 1956 und Sinogowitz 1957, siehe auch Maslev 1976, 18f.

[91] Zur Hinrichtung an der *phurka* siehe Heher 2013.

[92] Zu den ἀκροαταί siehe Christophilopoulos 1951, LBG, s.v. ἀκροατής, und zuletzt Humphreys 2015, 218–223.

[93] Zur Sprache siehe zuletzt Toševa-Nikolovska 2018, 207.

[94] Burgmann 1983, 22, 95f., 138f.; Humphreys 2015, 131–135.

[95] Zur Datierung der *Ekloge*: Burgmann 1983, 10–12. – Bezüglich der Entstehungsgeschichte des NG stimme ich mit Pieler und Toševa-Nikolovska 2018, 207–211, weitgehend überein. Dass „character and origins of the articles in the NG are primarily justinianic, just as its title proclaims they are" (Humphreys 2015, 225), ist wenig wahrscheinlich, da der Titel erst im Pinax und in *Harm. App3* in dieser Formulierung belegt ist.

keine ausdrücklichen Hinweise; allerdings gehen die Titel der späteren Textfassungen und die sonstigen Erwähnungen des NG in den späteren Quellen offenbar stillschweigend davon aus.

VORBEMERKUNG ZUR ÜBERSETZUNG (MIT SIGLENVERZEICHNIS)

Die Übersetzung des Landwirtschaftsgesetzes folgt in der Regel der Edition Medvedev 1984 (NG-M); Medvedev und Ashburner (NG-A) verwenden für die Handschriften unterschiedliche Siglen; im Folgenden wird auf die Siglen bei NG-M verwiesen:

A Moskau GIM, Gr. 467	H Vaticanus gr. 1168	U Zaborda 121
B Marcianus Gr. 579	I Vaticanus gr. 690	Γ Vaticanus gr. 2075
c Vallicellianus F 13	J Messan. S. Salvat. 114	Δ Parisinus gr. 1367
C Vaticanus Barb. 578	K Vallicellianus E 55	Λ Ambros. Q 50 suppl.
D Ambros. Q 25 sup.	L Ambros. M 68 suppl.	Ξ Lipsiensis Univ. 45
E Parisinus gr. 1384	N Vindobon. iur. gr. 15	O Monacensis Gr. 303
F Marcianus gr. 172	Z Cryptoferr. Z γ III	Π Vaticanus Gr. 845
G Parisinus gr. 1383	t Atheniensis EB 1377	Ψ Parisinus gr. 1381A

Auch Änderungsvorschläge oder den Sinn verdeutlichende Zusätze meinerseits sind in […] eingefügt.

Auf die Übersetzung folgen eingerückt und in kleinerer Type:

* der griechische Text von NG-M, wobei Varianten in […] mitgeteilt werden, soweit sie inhaltliche Bedeutung haben; die Varianten verweisen vor allem auf die Edition Ashburners (NG-A) und den kritischen Apparat in NG-M[96];
* die Übersetzung und der griechische Text (wie bei NG-M) des jeweiligen Titels im Pinax gemäß dem Codex Zaborda 121 (Wende 13./ 14. Jahrhundert);

[96] Ein Problem der Textgestaltung ist, dass der kritische Apparat in NG-M in etwa siebzig Fällen Varianten unter Hinweis auf „codd.“ angibt, ohne dass tatsächlich *alle* Handschriften gemeint sein können; weiters stimmen die „codd.“-Hinweise in NG-M oft mit dem Text von NG-A überein, ohne dass dies in NG-M vermerkt wäre. Inkonsequent erscheint auch, dass die Herausgeber von Fall zu Fall den Lesarten unterschiedlicher Handschriften oder Handschriftengruppen den Vorzug geben.

* Verweise auf die mit dem NG (weitgehend) übereinstimmenden Parallelen in der *Ecloga ad Prochirum mutata* (*EklProchM*) und im Appendix 3 des Harmenopulos (*Harm. App3*);
* Verweise auf Textstellen in den weiteren in der Einleitung genannten byzantinischen Rechtstexten (*NMos*, *Ekl*, *Eis*, *Bas*, *Proch*, sowie *EklA, EklPA, EisA, ProchA*), soweit sie inhaltlich oder bezüglich der Strafbestimmungen vergleichbar oder ähnlich sind;
* Verweise auf Ashburner 1910 und Ashburner 1912 und auf weitere Sekundärliteratur;
* abschließend fallweise weitere kurze Anmerkungen. – Zu Fragen der inhaltlichen Gliederung, zu den Schadenersatz- bzw. Strafbestimmungen und zu den Einleitungsformeln der einzelnen Paragraphen sei auf die Einleitung verwiesen.

Das Landwirtschaftsgesetz (Νόμος γεωργικός)

Überlieferte Titelvarianten:

DKΓ (wie NG-A 97 und NG-M 96): Kapitel des Landwirtschaftsgesetzes in Auswahl aus dem Buch Justinians / Κεφάλαια νόμου γεωργικοῦ κατ' ἐκλογὴν ἐκ τοῦ Ἰουστινιανοῦ βιβλίου.

EklProchM, Tit. 25: Über die Landwirte, des Kaisers Justinian / Περὶ γεωργῶν Ἰουστινιανοῦ τοῦ βασιλέως.

Pinax (Zaborda, wie NG-M 93): 106 Kapitel des Landwirtschaftsgesetzes in Auswahl aus den Büchern Justinians / ρϛ΄ [om. NG-A] Κεφάλαια νόμου γεωργικοῦ κατ' ἐκλογὴν ἐκ τῶν Ἰουστινιανοῦ βίβλων.

Harm. App3, Tit.: Landwirtschaftsgesetze in Auswahl der Bücher des in Gott ruhenden Kaisers Justinian / Νόμοι γεωργικοὶ κατ' ἐκλογὴν βιβλίων τοῦ τῆς θείας λήξεως Ἰουστινιανοῦ βασιλέως.

1. Es soll der Landwirt, der den eigenen Acker bearbeitet, sich gerecht verhalten und nicht die Grenzen der Ackerfurchen des Nachbarn überschreiten; wenn einer aber die Grenze stets überschreitet und die ihm nächstgelegene Parzelle beeinträchtigt, so verliere er, wenn er dies beim Pflügen getan hat, die Leistung des Pflügens; wenn er aber auch bei der Aussaat diese Grenzüberschreitung vorgenommen hat, verliere der Landwirt, der die Grenze überschritten hat, sowohl die Aussaat als auch seine Arbeitsleistung und den Ertrag.

α΄ Χρὴ τὸν γεωργὸν ἐργαζόμενον τὸν ἴδιον ἀγρὸν εἶναι δίκαιον καὶ μὴ παρορίζειν αὔλακας τοῦ πλησίον· ἐὰν δέ τις παρορίζων παρορίσῃ καὶ κολοβώσῃ μερίδα τὴν ἔγγιστα αὐτοῦ, εἰ μὲν ἐν νεατῷ τοῦτο ἐποίησεν [πεποίηκεν codd., NG-A], ἀπόλλει τὴν νέωσιν αὐτοῦ, εἰ δὲ καὶ ἐν σπόρῳ ταύτην τὴν παρορίαν ἐποιήσατο, ἀπόλλει καὶ τὸν σπόρον καὶ τὴν γεωργίαν αὐτοῦ καὶ τὴν ἐπικαρπίαν ὁ παρορίσας γεωργός.

Pinax: 1. Über einen Landwirt, der seinen eigenen Acker bearbeitet / α΄ Περὶ γεωργοῦ ἐργαζομένου τὸν ἴδιον ἀγρόν.

EklProchM 25.1, *Harm. App3* 1.1.

→ Proch 13.13, EklA 2.12, ProchA 38.88. → Ashburner 1910, 97f., Maslev 1976 14f., Köpstein 1978, 42, 50f., Medvedev 1984, 141f.

Das Einleitungswort Χρή („Es soll") ist im NG nur in § 1 belegt; zu Parallelen in anderen Rechtstexten siehe die Fn. 83 der Einleitung. – Zu möglichen Anklängen an Platons Nomoi im Titel und in § 1 siehe die Einleitung. – Siehe auch § 2.

2. Wenn ein Landwirt ohne Wissen des Eigentümers des Grundstücks [in dieses] eindringt und pflügt oder sät, so erhalte er weder ein Arbeitsentgelt für das Pflügen noch die Ernte der Aussaat, aber auch nicht [Ersatz für] den ausgesäten Samen.

β΄ Ἐάν τις γεωργὸς ἄνευ εἰδήσεως τοῦ κυρίου τῆς χώρας εἰσελθὼν νεώσῃ ἢ σπείρῃ, μὴ λαμβανέτω μήτε ἐργατείας ὑπὲρ τῆς νεώσεως μήτε ἐπικαρπίαν ὑπὲρ τοῦ σπόρου, ἀλλ᾽ οὐδὲ τὸν κόκκον τὸν καταβληθέντα.

Pinax: 2. Über einen Landwirt, wenn er ohne Wissen des Eigentümers des Grundstücks dieses bearbeitet / β΄ Περὶ γεωργοῦ ἐὰν ἄνευ τῆς εἰδήσεως τοῦ κυρίου τῆς χώρας ἐργάζηται αὐτήν.

EklProchM 25.2, *Harm. App3* 1.2.

→ Proch 13.13, EklA 2.12, ProchA 38.88. → Ashburner 1910, 98, Maslev 1976 14f., Köpstein 1978, 41f., 50f., Medvedev 1984, 142–144.

Siehe auch § 1.

3. Wenn zwei Landwirte vor zwei und [sic, gemeint wohl: oder] drei Zeugen vertraglich vereinbaren, unter einander Grundstücke zu tauschen und diesen Vertrag auf Dauer geschlossen haben, so habe ihr Beschluss Bestand und ihr Tausch bleibe gültig und gesichert und unverändert.

γ΄ Ἐὰν συμφωνήσωσι δύο γεωργοὶ μετ᾽ ἀλλήλων καταλλάξαι χώρας ἀναμεταξὺ δύο καὶ [eher: ἢ] τριῶν μαρτύρων, καὶ εἰς τὸ διηνεκὲς συνεφώνησαν, μενέτω ἡ τούτων [ἡ τούτων: τούτων ἡ βούλησις καὶ codd., NG-A] καταλλαγὴ κυρία καὶ βεβαία καὶ ἀπαρασάλευτος.

Pinax: 3. Über zwei Landwirte, wenn sie vereinbaren, unter einander ein Grundstück zu tauschen / γ΄ Περὶ δύο γεωργῶν ἐὰν συμφωνήσωσι μετ᾽ ἀλλήλων καταλλάξαι χώραν.

EklProchM 25.3, *Harm. App3* 1.4.

→ Ashburner 1910, 98, Köpstein 1978, 48–51, Medvedev 1984, 144f.

Zum Korrekturvorschlag „oder" vgl. § 28.

4. Wenn zwei Landwirte vertraglich vereinbaren, zur Zeit der Aussaat Grundstücke zu tauschen und der eine Teil will widerrufen, so sollen sie, wenn der Samen ausgesät wurde, nicht widerrufen; wenn aber nicht ausgesät wurde, mögen sie widerrufen; wenn aber der Widerrufende nicht gepflügt hat,

der andere aber gepflügt hat, so möge der Widerrufende ebenfalls pflügen und [dann] widerrufen.

δ΄ Ἐὰν δύο γεωργοὶ συμφωνήσωσι καταλλάξαι χώρας πρὸς καιρὸν τοῦ σπεῖραι καὶ διαστρέψῃ τὸ ἓν μέρος, εἰ μὲν ὁ κόκκος κατεβλήθη, μὴ διαστρέψωσιν· εἰ δὲ οὐ κατεβλήθη, διαστρέψουσιν· εἰ δὲ ὁ διαστρέφων οὐκ ἐνέωσεν [ἐνέασεν codd., NG-A], ὁ ἕτερος δὲ ἐνέωσεν [ἐνέασεν codd., NG-A], νεώσει καὶ ὁ διαστρέφων καὶ διαστρεφέτω.

Pinax: 4. Über Landwirte, wenn sie vereinbaren, mit einander ein Grundstück zu tauschen und die eine Partei widerruft / δ΄ Περὶ γεωργῶν ἐὰν συμφωνήσωσι καταλλάξαι χώραν καὶ διαστρέφῃ τὸ ἓν μέρος.

EklProchM 25.4, *Harm. App3* 1.3.

→ Ashburner 1910, 98, Köpstein 1978, 48–51, Medvedev 1984, 145.

5. Wenn zwei Landwirte Grundstücke tauschen, sei es auf eine Zeit oder auf die Dauer, und ein Teil wird gegenüber dem anderen als ungenügend befunden, und sie es nicht so vereinbart hatten, so soll der, der mehr hat, dem Benachteiligten ein Ersatzgrundstück geben; wenn sie es aber so vereinbart hatten, sollen sie keinen Ersatz leisten.

ε΄ Ἐὰν δύο γεωργοὶ καταλλάξωσι χώρας εἴτε πρὸς καιρὸν εἴτε εἰς τὸ διηνεκές, καὶ εὑρεθῇ τὸ ἓν μέρος κολοβὸν ὑπὲρ τοῦ ἄλλου [πρὸς τὸ ἄλλο NG-A], καὶ οὐ συνεφώνησαν οὕτως, δότω ἀντιτοπίαν ὁ τὸ πλέον ἔχων τῷ ὀλιγοστῷ· εἰ δὲ οὕτως συνεφώνησαν, μὴ ἀντιδιδότωσαν [ἐπιδιδότωσαν DEJUZI, NG-A].

Pinax: 5. Über Landwirte, wenn sie miteinander Grundstücke tauschen, sei es auf Zeit oder auf Dauer / ε΄ Περὶ γεωργῶν ἐὰν καταλλάξωσι χώρας εἴτε πρὸς καιρὸν εἴτε εἰς τὸ διηνεκές.

Harm. App3 1.5.

→ Ashburner 1910, 98, Köpstein 1978, 48–51, Medvedev 1984, 145f.

Siehe auch § 8.

6. Wenn ein Landwirt, der einen Rechtsstreit wegen eines Ackers hat, ohne Zustimmung dessen, der gesät hat, eindringt und ohne Ermächtigung erntet, so soll er, [auch] wenn er zwar im Recht war, nichts davon haben; wenn er aber zu Recht belangt wurde, soll er die geernteten Erträge in doppelter Menge erstatten.

ς΄ Ἐὰν γεωργὸς ἔχων δίκην ἐν ἀγρῷ εἰσέλθῃ παρὰ γνώμην τοῦ σπείραντος καὶ ἀνάρχως [om. codd., NG-A] θερίσῃ, ἐὰν μὲν εἶχε δίκαιον, μηδὲν ἐχέτω ἐξ αὐτοῦ· εἰ δὲ εἰκῇ ἐδικολόγησεν [καὶ ἐδικαιολόγησεν, ἐν add. BDFHIJKNPZf, NG-A] διπλῇ ποσότητι παρεχέτω τὰς ἐπικαρπίας τὰς θερισθείσας.

Pinax: 6. Über Landwirte, die einen Rechtsstreit wegen eines Ackers haben / ς΄ Περὶ γεωργῶν ἐχόντων δίκην ἐν ἀγρῷ.

EklProchM 25.5, *Harm. App3* 1.6.

→ *Proch* 13.13. → Ashburner 1910, 98, Köpstein 1976, 33, Köpstein 1978, 41f., Medvedev 1984, 146f.

Zu „(ab)ernten“ siehe auch die §§ 9, 18, 19, 78 und 79 und die Einleitung.

7. Wenn zwei Dörfer wegen einer Grenze oder eines Ackers streiten, sollen die Richter eine Untersuchung vornehmen und dem, welches mehr Jahre im Besitz war, Recht geben; wenn aber auch ein alter Grenzstein vorhanden ist, bleibe der alte Besitz unverändert.

ζ΄ Ἐὰν δύο χωρία μάχωνται περὶ ὅρου ἢ ἀγροῦ, τηρείτωσαν οἱ ἀκροαταὶ καὶ τῷ διακρατήσαντι ἔτη πλείονα ἀποδώσουσι τὸ δικαίωμα· εἰ δὲ καὶ ὅρος ἀρχαῖός ἐστιν, ἡ ἀρχαία διακράτησις [διατήρησις NG-A] ἔστω ἀπαρασάλευτος.

Pinax: 7. Über zwei Dörfer, wenn sie unentwegt über eine Grenze und einen Acker streiten / ζ΄ Περὶ χωρίων δύο ἐὰν μάχονται διενεκὲς περὶ ὅρου καὶ ἀγροῦ.

EklProchM 24.27, *Harm. App3* 1.9.

→ *Ekl* 5.5, 10.1.1, 11.1, 17.47, *Eis* 40.89, *Proch* 39.83, *EklPA* 12.3, 17.8, *EisA* 43.9, *ProchA* 19,31, 23.37, 39.200. → Ashburner 1910, 98, Ashburner 1912, 84–86, Sinogowitz 1957, 333, Maslev 1976, 12–14, 19–22, Köpstein 1986, 85, Medvedev 1984, 147f.

Diese Regelung steht auch mit der Gesamtsteuerleistung der beiden Dörfer in Zusammenhang.

8. Wenn eine vollzogene Verteilung einige ungerecht behandelte, sei es bei Verlosungen oder bei Grundstückslagen, so sollen sie die Berechtigung haben, die vollzogene Vermessung rückgängig zu machen.

η΄ Ἐὰν μερισμὸς γενόμενος ἠδίκησέν τινας ἐν σκαρφίοις ἢ ἐν τόποις, ἄδειαν ἐχέτωσαν ἀναλύειν τὴν γενομένην μετρησίαν [μερισίαν NG-A].

Pinax: 8. Über eine Teilung, die aufgrund einer Verlosung erfolgte / η΄ Περὶ μερισμοῦ γενομένου ἐν σκαρφίοις.

Harm. App3 1.8.

→ Ashburner 1910, 99, Ashburner 1912, 88, Maslev 1976, 19–22, Köpstein 1978, 50–52, Medvedev 1984, 148.

Siehe auch § 5. – Zu ἐν σκαρφίοις: siehe LBG s. v. σκαρφίον („Los, Losstäbchen“).

9. Wenn ein Landwirt als Pächter ohne Zustimmung des Verpächters geerntet hat und dessen Garben wegträgt, so werde ihm als Dieb seine gesamte Ernte genommen.

θ´ Ἐὰν γεωργὸς μορτίτης θερίσας ἄνευ γνώμης τοῦ χωροδότου κουβαλήσῃ τὰ δράγματα αὐτοῦ, ὡς κλέπτης ἀλλοτριωθήσεται πάσης τῆς ἐπικαρπίας αὐτοῦ.

Pinax: 9. Über einen Landwirt, wenn er ohne Zustimmung des Verpächters den Pachtanteil erntet / θ´ Περὶ γεωργοῦ ἐὰν μορτὴν θερίσῃ ἄνευ γνώμης τοῦ χωροδότου.

EklProchM 25.6, *Harm. App3* 1.20.

→ Ashburner 1910, 99, Ashburner 1912, 79–84, Maslev 1976, 15–17, Köpstein 1976, 29f., Köpstein 1978, 48–50, 54, Köpstein 1986, 84, Medvedev 1984, 148–150.

Zu χωροδότης („Verpächter") siehe § 10. – Zu „(ab)ernten" siehe auch die §§ 6, 18, 19, 78 und 79 und die Einleitung.

10. Des Pächters Anteil (sei) neun Bündel, des Verpächters Anteil ein Bündel; wer aber anders teilen will, sei gottverflucht.

ι´ Μορτίτου μέρος δεμάτια ἐννέα, χωροδότου δὲ τὸ μέρος δεμάτιον ἕν· ὁ δὲ ἐκτὸς τούτων μεριούμενος θεοκατάρατος.

Pinax: 10. Über den Anteil des Pächters und des Verpächters / ι´ Περὶ μορτίτου μέρους καὶ χωροδότου.

EklProchM 25.7, *Harm. App3* 1.21.

→ Ashburner 1910, 99, Ashburner 1912, 79–84, Maslev 1976, 15–17, Köpstein 1976, 29f., Köpstein 1978, 49,54, Köpstein 1986, 84, Medvedev 1984, 148–150.

Die Einleitungswörter Μορτίτου μέρος („des Pächters Anteil") sind in den verglichenen Rechtstexten nur an dieser Stelle, in *EklProchM* und in *Harm. App3* belegt. Eine mögliche Erklärung für den ungewöhnlichen Beginn ist, dass die §§ 9 und 10 in einer der früheren (nicht erhaltenen) Fassungen des NG nur ein Paragraph waren. Einen (schwachen) Hinweis in diese Richtung bietet der app. crit. zu § 10 bei NG-M (S. 100): „Cap. 10: … bis f (f_1 praecedenti junctum est, f_2 post cap. 12) …"; allerdings wird der Moskauer Codex f (GIM grec 326) in das 15. Jahrhundert datiert; er gehört der Gruppe VI (bei Medvedev 1984) an, deren ältester erhaltener Codex, der Vind. iur. gr. 15, an der Wende 13./14. Jh. datiert ist. – Zu χωροδότης („Verpächter") siehe auch § 9. Für θεοκατάρατος weist der TLG erst ab dem 4. Jahrhundert (insgesamt zwölf) Belege aus. Die ungewöhnliche „Strafbestimmung" ist möglicherweise auf die Nähe zum Alten Testament zurückzuführen, die schon Pieler 1992 und 1997 hervorgehoben hat; konkret sei auf die Nähe zu Levit. 27.30 (Πᾶσα δεκάτη τῆς γῆς ἀπὸ τοῦ σπέρματος τῆς γῆς καὶ τοῦ καρποῦ τοῦ ξυλίνου τῷ κυρίῳ ἐστίν), weiters zu Esdra II 20.38 verwiesen.

11. Wenn jemand Land von einem mittellos gewordenen Landwirt zu säen annimmt und in der Vereinbarung lediglich zu pflügen und zu teilen vereinbart, sollen sie den Vertrag einhalten; wenn sie aber auch die Aussaat vereinbarten, sollen sie gemäß dem Vertrag verfahren.

ια΄ Ἐάν τις λάβῃ γῆν παρὰ ἀπορήσαντος γεωργοῦ τοῦ σπεῖραι [om. NG-A] καὶ στοιχήσας [om. NG-A] στοιχήσῃ νεῶσαι μόνον καὶ μερίσασθαι, κρατείτωσαν τὰ σύμφωνα· εἰ δὲ συνεφώνησαν καὶ σποράν, κατὰ τὰ σύμφωνα κρατείτωσαν.

Pinax: 11. Darüber, wenn jemand Land von einem mittellos gewordenen Landwirt annimmt / ια΄ Περὶ τοῦ ἐάν τις λάβῃ γῆν ἀπὸ ἀποροῦντος γεωργοῦ.

Harm. App3 1.10.

→ Ashburner 1910, 99, Ashburner 1912, 79–84, Maslev 1976, 16f., Köpstein 1976, 31–34, Köpstein 1978, 48–50, 52, Köpstein 1986, 83f., Medvedev 1984, 150.

Zu den „mittellosen“ Landwirten siehe die Einleitung und die §§ 13, 14, 18 und 21.

12. Wenn ein Landwirt ein Grundstück in Halbpacht angenommen hat, um zu säen, und nicht pflügt, wenn es die Zeit erfordert, sondern den Samen sichtbar [d. h. an der Oberfläche] sät, so soll er nichts vom Ertrag erhalten, da er den Eigentümer des Landes belogen und betrogen hat.

ιβ΄ [ιγ NG-A] Ἐὰν γεωργὸς λαβὼν χώραν τοῦ σπεῖραι τῇ ἡμισείᾳ [τὴν ἡμισειαν NG-A] καὶ τοῦ καιροῦ καλοῦντος οὐ νεώσῃ, ἀλλ' εἰς ὄψιν ῥίψῃ τὸν κόκκον, μηδὲν ἐκ τῆς ἐπικαρπίας λαμβανέτω, ὅτι ψευσάμενος διεχλεύασε τὸν τῆς χώρας κύριον.

Pinax: 13 [sic]. Über einen Landwirt, wenn er ein Grundstück annimmt, um in Halbpacht zu säen / ιγ΄ Περὶ γεωργοῦ ἐὰν λάβῃ χώραν τοῦ σπεῖραι τὴν ἡμίσειαν.

Harm. App3 1.22.

→ Ashburner 1910, 99, Ashburner 1912, 78–84, Maslev 1976, 16f., Köpstein 1976, 31–34, Köpstein 1978, 43f., 48–50,52, Köpstein 1986, 83f., Medvedev 1984, 151.

13. Wenn ein Landwirt von einem mittellos gewordenen Landwirt einen Weingarten in Halbpacht zur Bearbeitung übernimmt und nicht, wie es gehört, beschneidet, umgräbt und nach dem Abstützen (der Rebstöcke) mit Pflöcken erneut umgräbt, soll er nichts vom Ertrag erhalten.

ιγ΄ [ιβ NG-A] Ἐὰν γεωργὸς λάβῃ παρά τινος γεωργοῦ ἀπορήσαντος τῇ ἡμισείᾳ [τὴν ἡμισείαν NG-A] ἄμπελον πρὸς ἐργασίαν καὶ οὐ κλαδεύσῃ αὐτὴν ὡς τὸ πρέπον, σκάψῃ τε καὶ χαρακώσας διασκαφίσῃ, μηδὲν ἐκ τῆς ἐπικαρπίας λαμβανέτω.

Pinax: 12 [sic]. Über einen Landwirt, wenn er von einem anderen, mittellos gewordenen Landwirt einen Weingarten in Halbpacht annimmt / ιβ΄ Περὶ γεωργοῦ ἐὰν λάβῃ παρ᾽ ἑτέρου γεωργοῦ ἀπορήσαντος ἄμπελον τῇ ἡμίσειᾳ.

EklProchM 25.8, *Harm. App3* 1.23.

→ *Proch* 13.13. → Ashburner 1910, 99, Ashburner 1912, 78–84, Maslev 1976, 16f., Köpstein 1976, 31–34, Köpstein 1978, 41f., 48–50, Köpstein 1986, 83f., Medvedev 1984, 151.

Zu den „mittellosen“ Landwirten siehe die §§ 11, 14, 18 und 21 und die Einleitung.

14. Wenn derjenige, der einen Acker von einem mittellosen, abgewanderten Landwirt in Halbpacht angenommen hat, sich anders entscheidet und den Acker nicht bearbeitet, soll er den [zu erwartenden] Ertrag in doppelter Menge ersetzen.

ιδ΄ Ἐὰν ὁ τὴν ἡμισείαν λαβὼν τοῦ ἀγροῦ τοῦ ἀπόρου γεωργοῦ ἀποδημήσαντος μεταμεληθεὶς οὐκ ἐργάσηται τὸν ἀγρόν, ἐν διπλῇ ποσότητι τὰς ἐπικαρπίας διδότω [ἀποδιδότω NG-A].

Pinax: 14. Darüber, wenn jemand die Bearbeitung des Ackers in Halbpacht von einem abgewanderten Landwirt annimmt / ιδ΄ Περὶ τοῦ ἐάν τις λάβῃ τὸ πρᾶγμα εἰς ἡμισείαν τοῦ ἀγροῦ ἀπὸ γεωργοῦ ἀποδημήσαντος.

EklProchM 25.10, *Harm. App3* 1.25.

→ Ashburner 1910, 99, Ashburner 1912, 78–84, Maslev 1976, 16f., Köpstein 1976, 31–33, Köpstein 1978, 48–52, Köpstein 1986, 83f., Medvedev 1984, 151f.

Zu den „mittellosen“ Landwirten siehe die Einleitung und die §§ 11, 13, 18 und 21.

15. Wenn jemand nach Annahme der Halbpacht sich vor der Zeit der Bearbeitung anders entscheidet und dem Eigentümer des Ackers mitteilt, dass er nicht dazu in der Lage sei, und der Eigentümer den Acker vernachlässigt, sei der Halbpächter frei von Entschädigungspflicht.

ιε΄ Ἐὰν ὁ τὴν ἡμισείαν λαβὼν πρὸ τοῦ καιροῦ τῆς ἐργασίας μεταμεληθεὶς μηνύσῃ τῷ κυρίῳ τοῦ ἀγροῦ ὡς μὴ ἰσχύων, καὶ ὁ κύριος τοῦ ἀγροῦ ἀμελήσῃ, ἀζήμιος ἔστω ὁ ἡμισειαστής [ἡμισιατής NG-A].

Pinax: 15. Darüber, wenn der, der die Halbpacht angenommen hat, zur Zeit der Bearbeitung zurücktritt, ohne es kundzutun / ιε΄ Περὶ τοῦ ἐὰν ὁ τὴν ἡμισείαν λαμβάνων ἀπὸ καιροῦ τῆς ἐργασίας μεταμεληθεὶς μὴ μηνύσῃ.

EklProchM 25.9, *Harm. App3* 1.24.

→ Ashburner 1910, 99, Ashburner 1912, 79–84, Maslev 1976, 16f., Köpstein 1976, 31–33, Köpstein 1978, 41f., 48–50, Köpstein 1986, 83f., Medvedev 1984, 152.

Der Pinax steht im Widerspruch zum Text. Siehe die abweichende Regelung in § 17.

16. Wenn ein Landwirt die Bearbeitung eines Weingartens oder eines Grundstücks übernommen und mit dem Eigentümer vereinbart hat und eine Anzahlung empfangen und [mit der Arbeit] begonnen hat, und er widerruft und verlässt ihn, soll der Eigentümer den angemessenen Wert [der Bearbeitung] des Ackers erstatten und über den Acker verfügen.

ιϛʹ Ἐὰν γεωργὸς ἐκλαβόμενος γεωργίαν ἀμπέλου [ἀμπελῶνος NG-A] ἢ χώρας στοιχήσας μετὰ τοῦ κυρίου αὐτῶν [αὐτοῦ NG-A] καὶ ἀρραβῶνα λαβὼν ἀπάρξηται, καὶ διαστρέψας ἀφήσῃ αὐτόν, τὴν τιμὴν τὴν ἀξίαν τοῦ ἀγροῦ δοσάτω [δότω NG-A] καὶ τὸν ἀγρὸν ἐχέτω ὁ κύριος αὐτοῦ.

Pinax: 16. Über einen Landwirt, der die Bewirtschaftung eines Weingartens oder eines Grundstücks annnahm / ιϛʹ Περὶ γεωργοῦ ἐκλαβομένου γεωργίαν ἀμπελῶνος ἢ χώρας.

EklProchM 25.11, *Harm. App3* 1.11.

→ *NMos* 18, *Proch* 13.13, 34.70 (ἀμπελών). → Ashburner 1910, 99, Ashburner 1912, 78, Köpstein 1976, 30–32, Köpstein 1978, 41f., Medvedev 1984, 152f.

17. Wenn ein Landwirt in eines anderen Landwirtes Waldland eingedrungen ist und es bearbeitet, soll er für eine Dreijahresfrist den Ertrag haben und [dann] das Land seinem Eigentümer zurückgeben.

ιζʹ Ἐὰν γεωργὸς εἰσελθὼν ἐργάσηται ἔνυλον χώραν ἄλλου [ἑτέρου NG-A] γεωργοῦ, τριετίαν ἐπικαρπεύσει αὐτὴν [ἐπικαρπεύσει αὐτὴν: ἀποκαρπεύσει ἑαυτῷ NG-A] καὶ ἀποδώσει πάλιν [τὴν χώραν add. NG-A] τῷ κυρίῳ αὐτῆς.

Pinax: 17. Über einen Landwirt, wenn er in bewaldetes Land eines anderen Landwirtes eingedrungen ist und es bearbeitet / ιζʹ Περὶ γεωργοῦ ἐὰν εἰσελθὼν ἐργάζηται ἔνυλον γῆν ἄλλου γεωργοῦ.

EklProchM 25.12, *Harm. App3* 1.12.

→ Ashburner 1910, 100, Ashburner 1912, 88f., Köpstein 1978, 43f., 50f., Medvedev 1984, 153f.

Siehe die abweichende Regelung in § 20.

18. Wenn ein Landwirt, der keine Mittel hat, den eigenen Acker zu bearbeiten, entflieht und in der Fremde lebt, sollen die ernten, an die die Steuerbehör-

de Forderungen stellt, ohne dass der zurückkehrende Landwirt eine Berechtigung hat, von ihnen eine Entschädigung, welche immer, einzufordern.

ιη΄ Ἐὰν ἀπορήσας γεωργὸς πρὸς τὸ ἐργάζεσθαι τὸν ἴδιον ἀγρὸν [ἀμπελῶνα NG-A] διαφύγη καὶ ξενιτεύση, οἱ τῷ δημοσίῳ λόγῳ ἀπαιτούμενοι ἐπιτρυγάτωσαν αὐτόν, μὴ ἔχοντος ἄδειαν τοῦ ἐπανερχομένου γεωργοῦ ζημιοῦν αὐτοὺς τὸ οἶον οὖν [αὐτοὺς τὸ οἶον οὖν: αὐτοῖς τὸν οἶνον BDEFKPZΓΞ, NG-A].

Pinax: 18. Über einen Landwirt, der nicht in der Lage ist, den eigenen Acker zu bearbeiten / ιη΄ Περὶ γεωργοῦ ἀπορήσαντος ἐργάσασθαι τὸν ἴδιον ἀγρόν.

EklProchM 25.13, *Harm. App3* 1.13.

→ Ashburner 1910, 100, Ashburner 1912, 78f., 89, Maslev 1976, 22, Köpstein 1976, 31, Köpstein 1978, 43f., 47f., 52f., Köpstein 1986, 81–84, Medvedev 1984, 154.

Zu den „mittellosen" Landwirten siehe die Einleitung und die §§ 11, 13, 14 und 21. Zu „(ab)ernten" siehe auch die §§ 6, 9, 19, 78 und 79 und die Einleitung.

19. Wenn ein Landwirt, der den eigenen Acker verlassen hat, jährlich die Sonderabgaben an die Steuerbehörde entrichtet, sollen diejenigen, die seinen Acker abernten und über ihn verfügen, [den Besitzer] in doppelter Menge entschädigen.

ιθ΄ Ἐὰν γεωργὸς ἀποδράσας ἐκ τοῦ ἰδίου ἀγροῦ τελῇ κατ' ἔτος τὰ ἐκστραόρδινα τοῦ δημοσίου λόγου, οἱ τρυγῶντες καὶ οἱ [om. NG-A] νεμόμενοι τὸν αὐτοῦ ἀγρὸν ζημιούσθωσαν ἐν διπλῇ ποσότητι.

Pinax: 19. Über einen Landwirt, der den eigenen Acker verlassen hat / ιθ΄ Περὶ γεωργοῦ ἀποδράσαντος ἐκ τοῦ οἰκείου ἀγροῦ.

EklProchM 25.14, *Harm. App3* 1.14.

→ *Ekl* 17.11, *NMos* 18, *EklA* 2.12. → Ashburner 1910, 100, Ashburner 1912, 78f., Maslev 1976, 22, Köpstein 1978, 47f., Köpstein 1986, 83f., Medvedev 1984, 154f.

Zu „(ab)ernten" siehe auch die §§ 6, 9, 18, 78 und 79 und die Einleitung.

20. Wer fremdes Buschland ohne Wissen von dessen Eigentümer rodet und bearbeitet und dort sät, soll nichts vom Ertrag erhalten.

κ΄ Ὁ κόπτων ἀλλοτρίαν ὕλην ἄνευ εἰδήσεως τοῦ κυρίου αὐτῆς καὶ ἐργαζόμενος καὶ σπείρων μηδὲν ἐχέτω ἐκ τῆς ἐπικαρπίας.

Pinax: 20. Über den, der in fremdem Wald rodet / κ΄ Περὶ τοῦ κόπτοντός τι ἐν ἀλλοτρίᾳ ὕλῃ.

EklProchM 25.16, *Harm. App3* 1.7.

→ *EklPA* 17.59. → Ashburner 1910, 100, Köpstein 1976, 31, Köpstein 1978, 43f., Medvedev 1984, 155f.

Der Paragraph steht in Widerspruch zu § 17.

21. Wenn ein Landwirt auf einem ertraglosen, in fremdem Besitz befindlichen Grundstück ein Haus baut oder einen Weingarten pflanzt, und nach einiger Zeit kommen die Eigentümer [des Grundstückes] zurück, haben sie keine Berechtigung, das Haus abzureißen oder die Weinstöcke zu entwurzeln, sondern sie sollen ein Ersatzgrundstück annehmen, wo sie es wünschen; wenn es jedoch derjenige, der auf einem fremden Acker gebaut und gepflanzt hat, ablehnt, ein Ersatzgrundstück zu geben, so soll der Eigentümer des Grundstückes die Berechtigung haben, die Weinstöcke auszureißen, das Haus aber abzureißen.

κα´ Ἐὰν γεωργὸς οἰκοδομήσῃ οἶκον ἢ [καὶ NG-A] φυτεύσῃ ἀμπελῶνα ἐν ἀπόρῳ [ἀπόρῳ: ἀγρῷ RFJPZ, NG-A] ἀλλοτρίῳ [ἢ add. NG-A] τόπῳ, καὶ μετὰ χρόνον ἔλθωσιν οἱ τούτου [τούτου: τοῦ τόπου codd., NG-A] κύριοι, οὐκ ἔχουσιν ἄδειαν τὸν οἶκον κατασπᾶν ἢ [καὶ NG-A] τοὺς ἀμπελῶνας [τὰς ἀμπέλους NG-A] ἐκριζοῦν, ἀλλὰ λαμβάνειν ἀντιτοπίαν ὅπου ἂν βούλονται [ὅπου ἂν βούλονται: δύνανται BF, NG-A]. εἰ δὲ ἀνανεύων ἀνανεύσῃ ὁ εἰς τὰ ἀλλότρια [τὸν ἀλλότριον ἀγρὸν NG-A] κτίσας ἢ φυτεύσας μὴ δοῦναι ἀντιτοπίαν, ἄδειαν ἔχειν τὸν τοῦ τόπου κύριον τὰς μὲν ἀμπέλους ἀνασπᾶν, τὸν δὲ οἶκον κατασπᾶν.

Pinax: 21. Über einen Landwirt oder einen anderen, wenn er auf fremdem Land ein Haus baut oder einen Weingarten pflanzt / κα´ Περὶ γεωργοῦ ἢ ἑτέρου τινὸς ἐὰν οἰκοδομήσῃ οἶκον ἢ φυτεύσῃ ἀμπελῶνα ἐν ἀλλοτρίᾳ γῇ.

EklProchM 25.19, *Harm. App3* 10.1–3.

→ *NMos* 18, *Leon, Novellae* 71 → Ashburner 1910, 100, Ashburner 1912, 89, Maslev 1976, 14f. mit Verweis auf Inst. 2.1.31, Köpstein 1976, 33f., Köpstein 1978, 42f., 50–53, Medvedev 1984, 156, Pieler 1987, Pieler 1997, Pieler 2007, Pieler 2008.

Zu den „mittellosen" Landwirten siehe die Einleitung und die §§ 11, 13, 14 und 18. – ἀνασπᾶν … κατασπᾶν: möglicherweise ein Wortspiel, vgl. Theodoretos, In Isaiam 10.

22. Wenn ein Landwirt während [der Zeit] des Umgrabens einen Spaten oder eine zweizinkige Haue stiehlt und nach [einiger] Zeit [als Täter] erkannt wird, soll er für jeden Tag zwölf *Pholleis* geben; desgleichen auch, wer zur Zeit des Beschneidens ein Rebmesser oder zur Zeit der Ernte eine Sichel oder zur Zeit des Holzfällens eine Axt stiehlt.

κβ´ Ἐὰν γεωργὸς κλέψῃ ἐν σκάφῳ λίσγον ἢ δίκελλαν καὶ μετὰ χρόνον διαγνωσθῇ, παρεχέτω τὸ ἡμερούσιον [ἡμερήσιον BDFRSWfil, NG-A] αὐτοῦ φόλλεις δώδεκα· ὁμοίως καὶ ὁ κλέψας [κλέπτων codd., NG-A] ἐν καιρῷ αὐτοῦ [αὐτοῦ: κλαδείας coni. NG-A] κλαδευτήριον ἢ ἐν καιρῷ θερισμοῦ δρέπανον ἢ ἐν καιρῷ ὑλοκοπίας πέλεκυν.

Pinax: 22. Über einen Landwirt, wenn er an den Tagen des Umgrabens einen Spaten oder eine Zweizinkenhaue stiehlt / κβ΄ Περὶ γεωργοῦ ἐὰν κλέψῃ ἐν ἡμέραις σκαφῆς λίσγον ἢ δίκελλαν.

EklProchM 25.15, *Harm. App3* 2.1.

→ *Bas* 44.10.8. → Ashburner 1910, 100, Ashburner 1912, 89, Köpstein 1978, 43–46, Medvedev 1984, 156f.

Zu den Geräten siehe Harvey 1990, 122–124, zur Kupfermünze *Phollis* die Einleitung.

23. Wenn ein Rinderhirt am Morgen von einem Landwirt ein Rind übernimmt und es unter die Herde mengt und es geschieht, dass das Rind von einem Wolf gerissen wird, soll er den Kadaver seinem Eigentümer zeigen und schuldlos sein.

κγ΄ Ἐὰν ἀγελάριος βοῶν ἕωθεν παρὰ τοῦ γεωργοῦ λάβῃ [παραλαβὼν παρὰ γεωργοῦ NG-A] βοῦν καὶ [om. NG-A] συγκαταμίξῃ αὐτὸν μετὰ τῆς ἀγέλης καὶ συμβῇ τὸν βοῦν λυκωθῆναι, δειξάτω τὸ πτῶμα τῷ κυρίῳ αὐτοῦ καὶ αὐτὸς ἀναίτιος [ἀναίτιος: ἀζήμιος BF, NG-A] ἔστω [ἔσται NG-A].

Pinax: 23. Über einen Rinderhirten, wenn er von einem Landwirt ein Rind übernimmt / κγ΄ Περὶ ἀγελαρίου βοῶν ἐὰν παρὰ γεωργοῦ λάβῃ βοῦν.

EklProchM 26.1, *Harm. App3* 3.2.

→ *Proch* 39.56. → Ashburner 1910, 101, Nörr 1960, 135–137, Köpstein 1978, 44–46, Medvedev 1984, 157.

Zu den Überschriften vor § 23ff. siehe oben, S. 22 mit Anm. 19.

24. Wenn ein Hirt ein Rind übernommen hat und es verliert und nicht am selben Tag, an dem das Rind verloren ging, dem Eigentümer des Rindes meldet: „Bis da und da habe ich das Rind gesehen, was aber geschah, weiß ich nicht“, soll er nicht frei von Entschädigungspflicht sein; wenn er es aber gemeldet hat, sei er frei von Entschädigungspflicht.

κδ΄ Ἐὰν ἀγελάριος βοῦν παραλαβὼν ἀπολέσῃ καὶ τῇ αὐτῇ ἡμέρᾳ ἐν ᾗ ὁ βοῦς ἀπώλετο οὐ καταμηνύσῃ τῷ κυρίῳ τοῦ βοὸς ὅτι τὸν βοῦν ἕως ᾧδε καὶ ᾧδε ἑώρακα, τί δὲ γέγονεν οὐκ οἶδα, ἀζήμιος μὴ ἔστω, εἰ δὲ καὶ [om. NG-A] κατεμήνυσεν, ἔστω ἀζήμιος.

Pinax: 24. Über einen Rinderhirten, wenn er ein Rind übernimmt und es verliert / κδ΄ Περὶ ἀγελαρίου ἐὰν παραλάβῃ βοῦν καὶ ἀπολέσῃ αὐτὸν.

EklProchM 26.2, *Harm. App3* 3.1.

→ Ashburner 1910, 101, Nörr 1960, 135–137, Köpstein 1978, 44–46, Medvedev 1984, 157f.

Siehe auch die §§ 43, 46 und 47.

25. Wenn ein Hirt am Morgen ein Rind von einem Landwirt übernommen hat und weggeht und das Rind von der Menge der Rinder getrennt wird und in Felder oder Weingärten eindringt und Schaden anrichtet, soll er nicht seines Lohnes verlustig gehen, den Schaden aber zur Gänze ersetzen.

κε΄ Ἐὰν ἀγελάριος ἕωθεν παραλαβὼν ὑπὸ [ἀπὸ BFJPRZjq, NG-A] γεωργοῦ βοῦν ἀπέλθῃ, καὶ χωρισθεὶς ὁ βοῦς ἐκ τοῦ πλήθους τῶν βοῶν ἀπελθὼν εἰσέλθῃ ἐν χωραφίοις ἢ ἐν [om. NG-A] ἀμπέλοις καὶ πραῖδαν ποιήσῃ, τοῦ μισθοῦ αὐτοῦ μὴ στερηθῇ, τὴν δὲ πραῖδαν πᾶσαν δωσάτω.

Pinax: 25. Über einen Rinderhirten, wenn er von einem Landwirt ein Rind übernimmt und das Rind von seiner Herde getrennt wird / κε΄ Περὶ ἀγελαρίου ἐὰν παραλάβῃ βοῦν ἀπὸ γεωργοῦ καὶ {τις ἕωθεν} ἐχωρίσθη ὁ βοῦς ἐκ τῆς ἀγέλης αὐτοῦ.

EklProchM 26.6, *Harm. App3* 3.3.

→ *Bas* 7.10. → Ashburner 1910, 101, Köpstein 1978, 43–46, Medvedev 1984, 158.

Der Zusatz τις ἕωθεν ist unverständlich.

26. Wenn ein Hirt ein Rind von einem Landwirt übernommen hat und das Rind unauffindbar wird, schwöre er im Namen des Herrn, dass er ihn [den Landwirt] nicht hintergangen hat und am Verlust des Rindes nicht teilhatte, und er sei frei von Entschädigungspflicht.

κς΄ Ἐὰν ἀγελάριος βοῦν λάβῃ [βοῦν λάβῃ: ἕωθεν παραλάβῃ βοῦν NG-A] παρὰ γεωργοῦ καὶ ἀφανὴς γένηται ὁ βοῦς, ὀμοσάτω ἐν ὀνόματι κυρίου μὴ αὐτὸν πεπονηρεῦσθαι καὶ ὅτι οὐκ ἐκοινώνησε τῇ ἀπωλείᾳ τοῦ βοὸς καὶ ἀζήμιος ἔστω.

Pinax: 26. Über einen Hirten, der von einem Landwirt ein Rind übernommen hat, und es ging verloren / κς΄ Περὶ ἀγελαρίου βοῦν παραλαβόντος ἀπὸ γεωργοῦ καὶ ἀφανοῦς γεγονότος.

EklProchM 26.3, *Harm. App3* 3.4.

→ *NMos* 13. → Ashburner 1910, 101, Nörr 1960, 135–137, Köpstein 1978, 43–46, Medvedev 1984, 158.

Zur Formulierung „… schwöre er im Namen des Herrn“ (… ὀμοσάτω ἐν ὀνόματι κυρίου) siehe auch die §§ 27 und 73.

27. Wenn ein Hirt am Morgen ein Rind von einem Landwirt nicht verletzt, sondern gesund übernommen hat und es geschieht, dass es verletzt oder geblendet wurde, schwöre der Hirt, dass er ihn nicht hintergangen hatte, so sei er frei von Entschädigungspflicht.

κζ΄ Ἐὰν ἀγελάριος ἕωθεν παραλάβῃ παρὰ γεωργοῦ βοῦν μὴ κεκλασμένον ἀλλ᾽ ὑγιῆ [μὴ κεκλασμένον ἀλλ᾽ ὑγιῆ om. codd., NG-A] καὶ συμβῇ αὐτὸν κλασθῆναι ἢ ἐκτυφλωθῆναι, ὀμοσάτω ὁ ἀγελάριος μὴ αὐτὸν πεπονηρεῦσθαι καὶ ἀζήμιος ἔστω.

Pinax: 27. Über einen Hirten, wenn er ein Rind übernommen hat und es geschieht, dass es verletzt wurde / κζ΄ Περὶ ἀγελαρίου ἐὰν παραλάβῃ βοῦν καὶ συμβῇ αὐτὸν κλασθῆναι.

EklProchM 26.4, *Harm. App3* 3.5.

→ *NMos* 13. → Ashburner 1910, 101, Nörr 1960, 135–137, Medvedev 1984, 158f.

Die Formulierung „schwöre er“ (ὀμοσάτω) ist sonst nur in *NMos* 13 und im NG in den §§ 26 und 73 nachweisbar.

28. Wenn ein Hirt anlässlich eines Verlustes oder einer Verletzung oder Blendung eines Rindes einen Schwur geleistet hat, später aber von zwei oder drei glaubwürdigen Zeugen überführt wird, dass er einen Meineid geschworen hat, soll ihm die Zunge abgeschnitten werden, und er soll den Eigentümer des Rindes entschädigen.

κη΄ Ἐὰν ἀγελάριος ἐπ᾽ ἀπωλείᾳ βοὸς ἢ ἐπικλάσεως ἢ τυφλώσεως [ἐκτυφλώσεως BDEFJKPZ, NG-A] ὀμόσας ὕστερον [ἀξιοπίστως add. BF, NG-A] ἐλεγχθῇ ὑπὸ δύο ἢ τριῶν μαρτύρων ἀξιοπίστων [ὑπὸ – ἀξιοπίστων om. opq, NG-A] ὅτι ἐπιόρκησεν, γλωσσοκοπηθεὶς τὸ ἀζήμιον τῷ κυρίῳ τοῦ βοὸς ποιείτω.

Pinax: 28. Über einen Hirten im Falle des Verlustes oder der Verletzung oder der Blendung eines Rindes / κη΄ Περὶ ἀγελαρίου ἐπ᾽ ἀπωλείᾳ βοὸς ἢ κλάσεως ἢ τυφλώσεως.

Harm. App3 3.6.

→ *Ekl* 17.2, *Eis* 40.70, *EklPA* 17.2. → Ashburner 1910, 101, Sinogowitz 1957, 324, Köpstein 1976, 30–32, Köpstein 1978, 43–46, Medvedev 1984, 159.

29. Wenn ein Hirt mit dem Stab in seinen Händen ein Rind getötet oder verletzt oder geblendet hat, ist er nicht schuldlos und soll Entschädigung leisten; wenn aber mit einem Stein, sei er frei von Entschädigungspflicht.

κθ΄ Ἐὰν ἀγελάριος μετὰ τοῦ ἐν ταῖς χερσὶν αὐτοῦ ξύλου ἀπολέσῃ ἢ κλάσῃ βοῦν ἢ ἐκτυφλώσει τοῦτον [om. NG-A], οὐκ ἔστιν ἀθῷος καὶ ζημιωθήτω· εἰ δὲ καὶ μετὰ λίθου, ἀζήμιος [ἀζήμιος: ἀθῷος codd., NG-A] ἐστίν.

Pinax: 29. Über einen Hirten, wenn er den Stab in Händen hält und ein Rind oder ein anderes (Tier [?] verletzt / κθ´ Περὶ ἀγελαρίου ἐὰν ἐν ταῖς χερσὶν αὐτοῦ βαστάζων τὸ ξύλον κλάσῃ βοῦν ἢ ἄλλό τι κτείνῃ [κτείνῃ: an potius κτῆνος? NG-M]).

EklProchM 26.5, *Harm. App3* 3.7.

→ Ashburner 1910, 101, Sinogowitz 1957, 332; Köpstein 1978, 45f., Medvedev 1984, 159.

30. Wenn jemand die Glocke von einem Rind oder Schaf abschneidet und als Dieb erkannt wird, soll er ausgepeitscht werden; wenn aber das Tier unauffindbar wird, soll es der ersetzen, der den Diebstahl der Glocke begangen hat.

λ´ Ἐάν τις κόψῃ κώδωνα ἐκ βοὸς ἢ ἐκ προβάτου καὶ διαγνωσθῇ ὡς κλέπτης, μαστιγωθήτω· εἰ δὲ ἀφανὲς γένηται τὸ ζῷον, διδότω αὐτὸ ὁ τὸ κλέμμα [*τὴν κλοπὴν* BEFJKPUZilmrwz, *NG-A*] ποιήσας τοῦ κώδωνος.

Pinax: 30. Darüber, wenn jemand die Glocke einer Herde von Rindern oder Schafen abschneidet / λ´ Περὶ τοῦ ἐὰν τις κόψῃ κώδωνα ἀπὸ ἀγέλης βοῶν ἢ προβάτων.

Harm. App3 2.2.

→ Ashburner 1910, 102, Ashburner 1912, 90, Köpstein 1976, 32f., Köpstein 1978, 45f., Medvedev 1984, 160.

Der Pinax („Glocke einer Herde“) dürfte der Realität eher entsprechen. – Glocken zum Schutz von Nutztieren sind schriftlich laut TLG sonst nur einmal ausdrücklich belegt: Photios, Bibl., Codex 250 (454b) verweist auf Agatharchides (2. Jh. v. Chr.), der über die Troglodyten berichtet, … θρεμμάτων μὲν πλῆθος ἑαυτοῖς ἔχουσι συνεπόμενον, κώδωνας δὲ ἐξέδησαν ἐκ τῶν κεράτων τῶν ἀρρένων πάντων, ὅπως ὁ ἀπ’ αὐτῶν ψόφος διώκῃ τὰ θηρία.

31. Wenn ein Baum in der Parzelle eines Feldes steht, soll, falls die naheliegende Parzelle ein Garten ist und von dem naheliegenden Baum beschattet wird, sein Eigentümer Äste abschneiden; wenn es aber kein Garten ist, soll kein Ast abgeschnitten werden.

λα´ Ἐὰν δένδρον ἵσταται ἐν μερίδι χωραφίου [μερίδι χωραφίου: μέρει χωρίου codd., NG-A], εἰ μὲν κῆπός ἐστιν ἡ σύνεγγυς μερὶς καὶ ἐπισκιάζεται [ὑποσκιάζεται codd., NG-A] ὑπὸ τοῦ σύνεγγυς δένδρου, κλωνοκοπήσει αὐτὸ ὁ κύριος αὐτοῦ· εἰ δὲ οὔκ ἐστι κῆπος, μὴ κλωνοκοπηθήτω.

Pinax: 31. Darüber, wenn ein Baum auf einer Parzelle eines Dorfes oder in einem Garten steht / λα´ Περὶ τοῦ ἐὰν δένδρον ἵσταται ἐν μερίδι χωρίου ἢ ἐν κήπῳ.

EklProchM 24.29, *Harm. App3* 2.2.

→ Ashburner 1910, 102, Ashburner 1912, 90, Köpstein 1978, 50f., Köpstein 1986, 80f., Medvedev 1984, 160.

32. Wenn von jemandem ein Baum auf einem nicht verteilten Grundstück gezogen wird und dieses bei nachher erfolgter Verteilung eines anderen Parzelle zufiel, soll niemand anderer Verfügung über den Baum haben als der, der ihn gezogen hat; wenn aber der Eigentümer des Grundstückes klagt: „Mir wird durch den Baum ein Unrecht getan", gebe er dem, der ihn gezogen hat, anstatt des Baumes einen anderen Baum, und er soll über ihn verfügen.

λβ΄ Ἐὰν δένδρον ἀνατράφῃ ὑπό τινος ἐν τόπῳ ἀμερίστῳ, καὶ μετὰ ταῦτα μερισμοῦ γενομένου ἔλαχεν ἐκ μερίδος ἄλλου [ἄλλῳ NG-A], μὴ ἐχέτω τῆν ἐξουσίαν τοῦ δένδρου, ἀλλ᾽ ἢ ὁ ἀναθρεψάμενος [ἀλλ᾽ ἢ ὁ ἀναθρεψάμενος: εἰ μὴ ὁ ἀναθρέψας NG-A] αὐτὸ· εἰ δὲ καταβοᾷ ὁ τοῦ τόπου κύριος ὅτι ἀδικοῦμαι ὑπὸ τοῦ δένδρου, δοσάτω [δότωσαν NG-A] ἀντὶ τοῦ δένδρου δένδρον ἕτερον τῷ ἀναθρέψαντι καὶ ἐχέτω [ἐχέτωσαν NG-A] αὐτό.

Pinax: 32. Darüber, wenn von jemand ein Baum aufgezogen wurde und durch die Landverteilung einem anderen zufiel / λβ΄ Περὶ τοῦ ἐάν δένδρον ἀνατραφῇ ὑπό τινος καὶ μερισμοῦ γεναμένου ἔλαχεν ἄλλῳ.

EklProchM 24.28, *Harm. App3* 7.1.

→ Ashburner 1910, 102, Maslev 1976, 19–22, Köpstein 1978, 45–47, 50–53, Köpstein 1986, 80–83, Medvedev 1984, 160.

33. Wenn ein Obsthüter dabei angetroffen wird, dass er auf dem Grundstück, das er bewacht, stiehlt, soll er seines Lohnes verlustig gehen und heftig geschlagen werden.

λγ΄ Ἐὰν εὑρεθῇ ὀπωροφύλαξ κλέπτων ἐν ᾧ φυλάττει τόπῳ, στερείσθω τοῦ μισθοῦ αὐτοῦ καὶ σφοδρῶς [σφόδρα NG-A] τυπτέσθω.

Pinax: 33. Darüber, wenn ein Obsthüter beim Diebstahl angetroffen wird / λγ΄ Περὶ τοῦ ἐάν εὑρεθῇ ὀπωροφύλαξ κλέπτων.

EklProchM 18.22, *Harm. App3* 2.3.

→ Ashburner 1910, 102, Ashburner 1912, 90, Maslev 1976, 19–22, Köpstein 1976, 32, Köpstein 1978, 46, Medvedev 1984, 160f.

34. Wenn der Lohnhirt dabei angetroffen wird, seine Weidetiere verborgen vor seinem Herrn zu melken und [die Milch] zu verkaufen, soll er geschlagen werden und seines Lohnes verlustig gehen.

λδ΄ Ἐὰν εὑρεθῇ ὁ [om. NG-A] ποιμὴν μισθωτὸς ἀμέλγων τὰ βοσκήματα αὐτοῦ λάθρα τοῦ κυρίου αὐτοῦ [αὐτῶν NG-A] καὶ πιπράσκων, τυπτόμενος τοῦ μισθοῦ αὐτοῦ στερείσθω.

Pinax: 34. Darüber, wenn ein Hirt oder ein Lohnarbeiter heimlich Milch von den Herden seines Herrn melkt / λδ´ Περὶ τοῦ ἐάν εὑρεθῇ ποιμὴν ἢ μισθωτὸς ἀμέλγων γάλα λάθρα ἐκ τῶν θρεμμάτων τοῦ κυρίου αὐτοῦ.

EklProchM 15.4, *Harm. App3* 2.4.

→ Ashburner 1910, 102, Köpstein 1976, 30, 32, Köpstein 1978, 44–47, Medvedev 1984, 161.

35. Wenn jemand beim Diebstahl von fremdem Stroh angetroffen wird, erstatte er es in zweifacher Menge.

λε´ Ἐάν εὑρεθῇ τις κλέπτων ἀλλοτρίαν καλάμην, ἐν διπλῇ ποσότητι παρεχέτω αὐτήν [παρεχέτω αὐτήν: ἀποδώσει BPZ, NG-A].

Pinax: 35. Darüber, wenn jemand angetroffen wird, fremdes Stroh von einem Acker oder anderes Stroh zur Dachdeckung eines Hauses zu stehlen / λε´ Περὶ τοῦ ἐάν εὑρεθῇ τις κλέπτων ἀλλοτρίαν καλάμην ἀπὸ χωραφίου ἢ ἑτέραν καλάμην εἰς σκέπην οἴκου.

EklProchM 18.21, *Harm. App3* 2.5.

→ Ashburner 1910, 102, Medvedev 1984, 161.

36. Wenn jemand ein Rind oder einen Esel oder welches immer Nutztier mitnimmt, ohne dass es sein Eigentümer weiß, und [damit] zu einem Geschäft weggeht, gebe er dafür seinen Verdienst in doppelter Menge; wenn es aber unterwegs stirbt, gebe er zwei für eins, was immer es sei.

λϛ´ Ἐάν τις βοῦν ἢ ὄνον ἢ ἄλλο τι [ἄλλο τι om. NG-A] οἷον οὖν κτῆνος ἄρῃ ἀγνοοῦντος τοῦ κυρίου αὐτοῦ καὶ ἐν πράγματι ἀπέλθῃ, δότω τὸν μισθὸν αὐτοῦ ἐν διπλῇ ποσότητι· εἰ δὲ ἀποθάνῃ ἐν τῇ ὁδῷ, δώσει δύο ὑπὲρ [ὑπὲρ: ἀντὶ codd., NG-A] ἑνὸς εἴ τι ἂν εἴη.

Pinax: 36. Darüber, wenn jemand ein Rind oder einen Esel oder irgendein anderes Nutztier ohne Wissen seines Eigentümers verkauft / λϛ´ Περὶ τοῦ ἐάν τις βοῦν ἢ ὄνον ἢ ἄλλό τι οἷον οὖν κτῆνος ἀγνοῇ τοῦ κυρίου αὐτοῦ πωλήσῃ.

EklProchM 26.18, *Harm. App3* 1.19.

→ *Bas* 57.4.19, 60.3.2. → Ashburner 1910, 102, Ashburner 1912, 90, Köpstein 1978, 44–47, Medvedev 1984, 161f., Pieler 1987, Pieler 1997, Pieler 2007.

Der Pinax und der Text stimmen inhaltlich nicht genau überein.

37. Wenn jemand ein Rind zu einer Arbeit übernimmt und es stirbt, so sollen die Richter eine Untersuchung vornehmen, und wenn es bei jener Arbeit starb, für die er es verlangt hatte, sei er frei von Entschädigungspflicht; wenn es aber bei einer anderen Arbeit starb, ersetze er das Rind zur Gänze.

λζ΄ Ἐὰν λάβῃ τις βοῦν πρὸς ἐργασίαν καὶ ἀποθάνῃ, τηρείτωσαν οἱ ἀκροαταί, καὶ εἰ μὲν ἐν ᾧ ἔργῳ ἐζήτησεν αὐτὸν ἐν ἐκείνῳ [καὶ add. NG-A] ἀπέθανεν, ἀζήμιος ἔστω· εἰ δὲ ἐπ' ἄλλῳ ἔργῳ ἀπέθανεν, δώσει τὸν βοῦν ὁλόκληρον.

Pinax: 37. Darüber, wenn jemand ein Rind zur Arbeit übernimmt und es stirbt / λζ΄ Περὶ τοῦ ἐάν τις λάβῃ βοῦν πρὸς ἐργασίαν καὶ ἀποθάνῃ.

EklProchM 15.13, *Harm. App3* 1.18.

→ *Ekl* 5.5, 10.1.1, 11.1, 17.47, *Eis* 40.89, *Proch* 39.83, *EklPA* 12.3, 17.8, *EisA* 43.9, *ProchA* 19,31, 23.37, 39.200. → Ashburner 1910, 102, Sinogowitz 1957, 333, Maslev 1976, 12–14, Simon 1976, Köpstein 1986, 85, Medvedev 1984, 162, Pieler 1987, Pieler 1997, Pieler 2007.

38. Wenn jemand ein Rind in einem Weingarten oder einem Acker oder einem anderen Ort antrifft, das Schaden anrichtet, und es nicht seinem Eigentümer übergibt, um von ihm Ersatz für den gesamten Verlust an Früchten zu fordern, sondern es tötet oder verletzt, so ersetze er Rind für Rind oder Esel für Esel oder Schaf für Schaf.

λη΄ Ἐάν τις εὕρῃ βοῦν ἐν ἀμπελῶνι ἢ [ἐν add. NG-A] ἀγρῷ ἢ ἐν ἑτέρῳ τόπῳ πραῖδαν ποιοῦντα καὶ οὐ παραδώσει αὐτὸν τῷ ἰδίῳ [om. NG-A] κυρίῳ αὐτοῦ ὡς μέλλων αὐτὸν ἀπαιτεῖν πᾶσαν τῶν καρπῶν τὴν ἀπώλειαν ἀλλὰ φονεύσῃ ἢ κλάσῃ αὐτόν [om. NG-A], δότω βοῦν ἀντὶ βοὸς ἢ ὄνον ἀντὶ ὄνου ἢ πρόβατον ἀντὶ προβάτου.

Pinax: 38. Darüber, wenn jemand ein Rind in einem Weingarten oder in einem Acker vorfindet / λη΄ Περὶ τοῦ ἐάν τις εὕρῃ βοῦν καὶ ἐν ἀμπελῶνι ἢ ἐν ἀγρῷ.

Harm. App3 4.1.

→ *NMos* 18, *Bas* 7.10. → Ashburner 1910, 102, Ashburner 1912, 91, Simon 1976, Köpstein 1978, 43f., Medvedev 1984, 162, Pieler 1987, Pieler 1997, Pieler 2007.

Der Pinax und der Text stimmen inhaltlich nicht genau überein.

39. Wenn jemand im Waldland beim Fällen von Holz nicht achtsam ist, der Baum aber fällt um und tötet ein Rind oder einen Esel oder ein anderes [Nutztier], welches immer, so ersetze er Leben für Leben.

λθ΄ Ἐάν τις κόπτων ἐν δρυμῷ ξύλον οὐ προσέχῃ, ἀλλὰ πέσῃ τὸ δένδρον [add. NG-M] καὶ ἀποκτείνῃ βοῦν ἢ ὄνον ἢ ἄλλο τι οἷον οὖν, δώσει ψυχὴν ἀντὶ ψυχῆς.

Pinax: 39. Darüber, wenn jemand Holz fällt und unachtsam ist, und es tötet im Fallen ein Rind / λθ` Περὶ τοῦ ἐάν τις κόπτων ξύλον οὐ προσχῇ ἀλλὰ πέσῃ καὶ ἀποκτείνῃ βοῦν.

EklProchM 21.15, *Harm. App3* 6.1.

→ *NMos* 47. → Ashburner 1910, 103, Ashburner 1912, 91, Köpstein 1978, 43f., Medvedev 1984, 162f.

Siehe auch § 40.

40. Wenn jemand einen Baum fällt und in Unachtsamkeit die Axt abwirft und von oben herab ein fremdes Nutztier tötet, ersetze er es.

μ΄ Ἐάν τις κόπτων δένδρον ἄνωθεν ἀγνωσίᾳ ῥίψῃ τὸν πέλεκυν καὶ φονεύσει ἀλλότριον κτῆνος, δότω [δώσει NG-A] αὐτό.

Pinax: 40. Darüber, wenn jemand einen Baum fällt und die Axt von oben abwirft und ein Nutztier tötet / μ΄ Περὶ τοῦ ἐάν τις κόπτων δένδρον ῥίξῃ ἄνωθεν τὴν πέλεκυν καὶ φονεύσῃ κτῆνος.

Harm. App3 6.2.

→ Ashburner 1910, 103, Köpstein 1978, 43f., Medvedev 1984, 163.

Siehe auch § 39. – Die §§ 39 und 40 erinnern an die Lex Mosaica 46.3 (entsprechend Deuteronomium 19.3–5): καὶ ὃς ἂν εἰσέλθῃ μετὰ τοῦ πλησίον αὐτοῦ εἰς τὸν δρυμὸν συναγαγεῖν ξύλα, καὶ ἐκκρουσθῇ ἡ χεὶρ αὐτοῦ τῇ ἀξίνῃ κόπτοντος τὸ ξύλον, καὶ ἐκπεσὸν τὸ σίδηρον ἀπὸ τοῦ ξύλου τύχῃ τοῦ πλησίον, καὶ ἀποθάνῃ.

41. Wenn jemand ein Rind oder einen Esel stiehlt und überführt wird, soll er ausgepeitscht werden und [das Tier] sowie dessen gesamte Arbeitsleistung in doppelter Menge ersetzen.

μα΄ Ἐάν τις κλέψῃ βοῦν ἢ ὄνον καὶ ἐλεγχθῇ, ἐν διπλῇ ποσότητι μαστιγωθεὶς δώσει αὐτὸν [αὐτὸ NG-A] καὶ τὴν ἐργασίαν αὐτοῦ πᾶσαν.

Pinax: 41. Darüber, wenn jemand ein Rind oder einen Esel oder anderes Nutztier, welches immer, stiehlt / μα΄ Περὶ τοῦ ἐάν τις κλέψῃ βοῦν ἢ ὄνον ἢ ἄλλο κτῆνος τὸ οἷον οὖν.

EklProchM 26.19, *Harm. App3* 2.6.

→ *Ekl* 17.11. → Ashburner 1910, 103, Köpstein 1976, 32f., Köpstein 1978, 43f., Medvedev 1984, 163.

42. Wenn jemand *ein* Rind aus einer Herde stehlen will und die [dabei] auseinander getriebene Herde von wilden Tieren gefressen wird, so werde er geblendet.

μβ΄ Ἐάν τις θέλων κλέψαι ἕνα βοῦν ἐξ ἀγέλης, ἀπελασθεῖσα ἡ ἀγέλη θηριόβρωτος γένηται, τυφλούσθω.

Pinax: 42. Darüber, wenn jemand ein Rind aus einer Herde stehlen will und mit diesem die ganze Herde verloren geht / μβ΄ Περὶ τοῦ θέλοντος κλέψαι ἕνα βοῦν ἐξ ἀγέλης καὶ σὺν αὐτῷ ἀπολεσθῇ ἡ ὅλη ἀγέλη.

EklProchM 18.20, *Harm. App3* 2.7.

→ *Ekl* 17.11, 17.13, *Eis* 40.69, *Proch* 39.18, 39.56, *ProchA* 39.159. → Ashburner 1910, 103, Köpstein 1976, 32f., Medvedev 1984, 163.

43. Wenn jemand zur Einholung des eigenen Rindes oder Esels hinausgeht und beim Verfolgen des eigenen auch ein anderes [Nutztier] mit ihm verfolgt und es nicht zusammen mit seinem einholt, sondern es geht verloren oder wird von Wölfen gerissen, so ersetze er dem Eigentümer das Rind oder den Esel lebend; wenn er dies aber sogleich mitgeteilt und den Ort beschrieben und sich gerechtfertigt hat, dass es ihm unmöglich gewesen sei, [das Tier] einzufangen, sei er frei von Entschädigungspflicht.

μγ΄ Ἐάν τις ἐξέλθῃ πρὸς συναγωγὴν τοῦ ἰδίου βοὸς ἢ τοῦ ὄνου καὶ διώκων τὸν ἴδιον [om. BFHPZ, NG-A] συνδιώξῃ μετ᾽ αὐτοῦ καὶ ἕτερον, καὶ οὐκ ἐπισυνάξῃ αὐτὸν μετὰ τοῦ ἰδίου [αὐτὸν μετὰ τοῦ ἰδίου: αὐτὸ μετ᾽ αὐτοῦ ISDFGKPRΓ, NG-A], ἀλλὰ ἀπολεῖται ἢ λυκωθῇ, δότω ἀντίψυχον τῷ κυρίῳ αὐτοῦ βοῦν ἢ ὄνον· εἰ δὲ μηνύων ἐμήνυσε καὶ τὸν τόπον ὑπέδειξεν, καὶ [om. NG-A] ἀπολογησάμενος ὡς ἀδυνάτως εἶχεν ἐπικρατὴς αὐτοῦ γενέσθαι, ἀζήμιος ἔστω.

Pinax: 43. Darüber, wenn jemand hinausgeht, um sein Rind oder seinen Esel zu holen / μγ΄ Περὶ τοῦ ἐάν τις ἐξέλθῃ πρὸς συναγωγὴν τοῦ ἰδίου βοὸς ἢ τοῦ ὄνου αὐτοῦ.

Harm. App3 6.3.

→ *NMos* 47. → Ashburner 1910, 103, Köpstein 1978, 43f., Medvedev 1984, 163.

Siehe auch die §§ 24 und 46.

44. Wenn jemand, der im Wald ein Rind fand, es schlachtet und sein Fleisch mitnimmt, soll man ihm eine Hand abhauen.

μδ΄ Ἐάν τις εὑρὼν ἐν ὕλῃ βοῦν σφάξῃ αὐτὸν καὶ ἄρῃ τὰ κρέα αὐτοῦ, χειροκοπείσθω.

Pinax: 44. Darüber, wenn jemand im Wald ein Rind findet und es schlachtet / μδ΄ Περὶ τοῦ ἐάν τις ἐν ὕλῃ βοῦν εὕρῃ καὶ σφάξῃ αὐτόν.

EklProchM 18.18, *Harm. App3* 6.4.

→ *Ekl* 17.11, 17.13, *Eis* 40.21, *NMos* 15, *Proch* 39.56, *Harm. App3* 7.3–4. → Ashburner 1910, 103, Köpstein 1976, 32f., Köpstein 1978, 43f., Medvedev 1984, 163f.

Zu κρέα siehe LBG und LSJ s. v., zur Strafe des Handabhauens siehe auch die §§ 59, 64–66 und 80.

45. Wenn ein Sklave ein Rind [oder einen Esel] oder einen Widder oder ein Schwein [ein Schwein: einen Widder] im Wald schlachtet, soll sein [des Sklaven] Eigentümer es ersetzen.

με΄ Ἐάν τις δοῦλος σφάξῃ βοῦν [ἢ ὄνον add. pars codicum, NG-A] ἢ κριὸν ἢ ὗν [ἢ ὗν om. codd., NG-A] ἐν ὕλῃ, ὁ κύριος αὐτοῦ ἀποδώσει αὐτό.

Pinax: 45. Darüber, wenn ein Sklave ein Rind oder einen Widder im Wald schlachtet / με΄ Περὶ τοῦ ἐάν τις δοῦλος σφάξῃ βοῦν ἢ κριὸν ἐν ὕλῃ.

Harm. App3 9.1.

→ *NMos* 15. → Ashburner 1910, 103, Köpstein 1978, 42–45, Köpstein 1986, 80, 82f., Medvedev 1984, 164.

Im NG ist der öfter belegte Terminus für „Schwein" χοῖρος (§§ 49, 52, 54). – Die Varianten ὗς anstelle von χοῖρος und κριός anstelle von ὗς können auf regional unterschiedliche Herkunft der Vorschrift bzw. auf unterschiedliche religiöse Vorschriften hinweisen, vgl. *NMos* 15: „Ἐάν τις κλέψῃ μόσχον ἢ πρόβατον …". – Siehe hierzu auch die Einleitung.

46. Wenn ein Sklave in der Nacht in Diebstahlsabsicht die Herdentiere aus der Hürde treibt und sie gehen verloren oder werden von wilden Tieren gefressen, soll er wie ein Mörder an der *Phurka* hingerichtet werden.

μϛ΄ Ἐάν τις δοῦλος, θέλων ἐν νυκτὶ κλέψαι, ἀπελάσῃ ἐκ τῆς μάνδρας τὰ θρέμματα [ἀπελάσῃ ἐκ τῆς μάνδρας τὰ θρέμματα: ἀπελάσει ἐκ τῆς ποίμνης τὰ θρέμματα, διώξας ἐκ τῆς μάνδρας BFK, NG-A] καὶ ἀπώλωνται ἢ θηριόβρωτα γένωνται, φουρκιζέσθω ὡς φονεύς.

Pinax: 46. Darüber, wenn ein Sklave in der Nacht Schafe oder ein anderes Nutztier stehlen will / μϛ΄ Περὶ τοῦ ἐάν τις δοῦλος θέλῃ κλέψαι ἐν νυκτὶ πρόβατα ἢ ἄλλό τι κτῆνος.

Harm. App3 9.2.

→ *Ekl* 17.13, 17.50, *Eis* 40.19, *Proch* 34.49, 39.52, *EisA* 43.3, *EklPA* 17.14, 17.62. → Ashburner 1910, 103, Köpstein 1976, 30, 32f., Köpstein 1978, 44f., Köpstein 1986, 82f., Medvedev 1984, 164.

Mit „Herdentieren" (θρέμματα) sind in den §§ 46 und 72 offenbar in erster Linie Schafe gemeint. Siehe auch die §§ 24, 43 und 47, weiters 71, 73 und 74.

47. Wenn jemandes Sklave oftmals in der Nacht Nutztiere stiehlt und oftmals die Herde wegtreibt, soll sein Eigentümer – im Wissen, dass der Sklave schuldig ist – die Verluste ersetzen; der aber soll an der *Phurka* hingerichtet werden.

μζ΄ Ἐάν τις δοῦλός τινος πολλάκις κλέψας κτήνη ἐν νυκτὶ [ἢ add. NG-A] ἀπελασίας πολλάκις ποιήσῃ ποιμνίου [ποιμνίων NG-A], ζημιωθήσεται ὁ κύριος αὐτοῦ τὰ ἀπολλυμένα [ἀπολωλότα NG-A] ὡς γινώσκων ὑπαίτιον τὸν δοῦλον· αὐτὸς δὲ φουρκιζέσθω.

Pinax: 47. Darüber, wenn ein Sklave in der Nacht Nutztiere aus einer Hürde stiehlt und das Entlaufen [der Herde] verursacht / μζ΄ Περὶ τοῦ ἐάν τις δοῦλος κλέψῃ κτήνη ἐν νυκτὶ ἀπὸ μάνδρας, ἀπελασίας ποιείτω.

Harm. App3 9.3.

→ *Ekl* 17.13, 17.50, *Eis* 40.19, *EklPA* 17.14, 17.62, *EisA* 43.3. → Ashburner 1910, 103, Köpstein 1976, 30, Köpstein 1978, 42–44, 47, Köpstein 1986, 82f., Medvedev 1984, 164.

Siehe auch die §§ 24, 43 und 46.

48. Wenn ein Rind dabei angetroffen wird, Schaden anzurichten, und der, der es entdeckt hat, es nicht seinem Eigentümer übergibt, sondern ihm die Ohren abschneidet oder es blendet oder ihm den Schwanz abschneidet, nehme sein Eigentümer es nicht zurück, sondern erhalte an dessen Stelle ein anderes.

μη΄ Ἐάν εὑρηθῇ βοῦς πραιδεύων καὶ οὐ παραδώσῃ αὐτὸν ὁ εὑρὼν τῷ κυρίῳ αὐτοῦ [εὑρηθῇ βοῦς πραιδεύων καὶ οὐ παραδώσῃ αὐτὸν ὁ εὑρὼν τῷ κυρίῳ αὐτοῦ: τις εὕρῃ βοῦν πραιδεύοντα καὶ οὐ δώσει αὐτὸν τῷ κυρίῳ αὐτοῦ ἀπολαμβάνων τὸ βλάβος BF, NG-A], ἀλλὰ ὠτοκοπήσῃ αὐτὸν ἢ τυφλώσῃ ἢ οὐροκοπήσῃ, οὐκ ἄρῃ [οὐ λαμβάνει NG-A] αὐτὸν ὁ κύριος αὐτοῦ ἀλλὰ λάβῃ [λαμβάνει codd., NG-A] ἄλλον ἀντ᾽ αὐτοῦ.

Pinax: 48. Darüber, wenn jemand ein Rind antrifft, das den Weg verlassen hat, und es nicht zurückgibt / μη΄ Περὶ τοῦ ἐάν τις εὕρῃ βοῦν παροδεύοντα καὶ οὐ παραδώσῃ αὐτόν.

EklProchM 26.7, *Harm. App3* 4.3.

→ *Bas* 7.10. → Ashburner 1910, 103f., Ashburner 1912, 91, Köpstein 1978, 43f., Medvedev 1984, 164.

Siehe die §§ 49 und 53.

49. Wenn jemand ein Schwein oder ein Schaf oder einen Hund beim Verursachen von Schaden antrifft, soll er ihn [bzw. es] beim ersten Mal zurückgeben. Auch ein zweites Mal soll er [das Tier] zurückgeben und seinen Eigentümer verwarnen. Beim dritten Mal aber kann er ihm [dem Tier] ungestraft den Schwanz oder die Ohren abschneiden oder es erschießen; er sei klagsfrei.

μθ΄ Ἐάν τις εὕρῃ χοῖρον ἐν πραίδᾳ ἢ πρόβατον ἢ κύνα, παραδώσει αὐτὸν ἐν πρώτοις [τῷ κυρίῳ αὐτοῦ add. codd., NG-A]· εἶτα δευτερώσας καὶ παραδοὺς [δευτερώσας καὶ παραδοὺς: παραδώσας δεύτερον NG-A], παραγγελεῖ τῷ κυρίῳ αὐτοῦ· τὸ δὲ τρίτον οὐροκοπήσῃ ἢ ὠτοκοπήσῃ αὐτὸν ἢ τοξεύσῃ αὐτὸν, ἀνέγκλητος ἔστω [οὐροκοπεῖ ἢ ὠτοκοπεῖ ἢ τοξεύει αὐτὸ ἀνεγκλήτως NG-A].

Pinax: 49. Darüber, wenn jemand ein Schwein oder ein anderes Nutztier oder ein Schaf oder einen Hund antrifft und [das Tier] nicht zurückgibt / μθ΄ Περὶ τοῦ ἐάν τις εὕρῃ χοῖρον ἢ ἕτερον κτῆνος ἢ πρόβατον ἢ κύνα καὶ οὐ παραδώσῃ αὐτόν.

EklProchM 26.8, *Harm. App3* 4.4.

→ *Proch* 39.54, *Bas* 7.10. → Ashburner 1910, 104, Ashburner 1912, 91f., Köpstein 1978, 43f., Medvedev 1984, 165.

Siehe die §§ 48 und 53.

50. Wenn ein Rind bei dem Versuch, in einen Weingarten oder einen Garten einzudringen, in den Graben des Weingartens oder Gartens fällt und stirbt, sei der Eigentümer des Gartens oder Weingartens frei von Entschädigungspflicht.

ν΄ Ἐὰν βοῦς [ἢ ὄνος add. NG-A] εἰσελθεῖν θέλων ἐν ἀμπελῶνι ἢ ἐν κήπῳ ἐμπέσῃ εἰς τὸν τῆς ἀμπέλου τάφρον ἢ τοῦ κήπου καὶ ἀποθάνῃ, ἀζήμιος ἔστω ὁ κύριος τοῦ κήπου ἢ τοῦ ἀμπελῶνος [ἀμπελῶνος ἢ τοῦ κήπου codd., NG-A].

Pinax: 50. Darüber, wenn ein Rind oder ein anderes Nutztier, das in einen Weingarten oder einen Garten eindringen will, in den Graben fällt und stirbt / ν΄ Περὶ τοῦ ἐὰν βοῦς ἢ ἕτερον κτῆνος θέλων ἐμβαίνειν ἐν ἀμπελῶνι ἢ ἐν κήπῳ πέσῃ εἰς τὸν τάφρον καὶ ἀποθάνῃ.

EklProchM 26.9, *Harm. App3* 4.5.

→ *NMos* 18. → Ashburner 1910, 104, Ashburner 1912, 92, Simon 1976, Köpstein 1978, 43f., 50f., Medvedev 1984, 165, Pieler 2007.

51. Wenn ein Rind oder ein Esel bei dem Versuch, in einen Weingarten oder einen Garten einzudringen, in den Pfählen der Umzäunung aufgespießt wird, sei der Eigentümer des Weingartens oder Gartens frei von Entschädigungspflicht.

να΄ Ἐὰν βοῦς ἢ ὄνος θέλων εἰσελθεῖν ἐν ἀμπέλῳ [ἀμπελῶνι NG-A] ἢ ἐν κήπῳ ἐμπαρῇ ἐν τοῖς τοῦ φραγμοῦ πάλοις, ἀζήμιος ἔστω ὁ τῆς ἀμπέλου ἢ [τῆς ἀμπέλου ἢ om. BFKPZg NG-A] τοῦ κήπου κύριος.

Pinax: 51. Darüber, wenn ein Rind oder ein anderes Nutztier in einen Weingarten oder einen Garten eindringen will und in den Pfählen der Umzäunung aufgespießt wird / να΄ Περὶ τοῦ ἐὰν βοῦς ἢ ἄλλό τι κτῆνος εἰσέλθῃ ἐν κήπῳ καὶ ἐμπαρῇ ἐν τοῖς τοῦ φραγμοῦ πάλοις.

EklProchM 26.9, *Harm. App3* 4.6.

→ *NMos* 18. → Ashburner 1910, 104, Ashburner 1912, 92, Simon 1976, Köpstein 1978, 43f., 50f., Medvedev 1984, 165f., Pieler 2007.

52. Wenn jemand zur Erntezeit eine Falle errichtet und ein Hund oder ein Schwein hineinfällt und stirbt, sei der Eigentümer der Falle frei von Entschädigungspflicht.

νβ΄ Ἐάν τις στήσῃ [θήσῃ BDEFHKPUΓgz, NG-A] μάγγανον ἐν [τῷ add. NG-A] καιρῷ τῶν καρπῶν καὶ ἐμπέσῃ ἐν αὐτῷ κυὼν ἢ χοῖρος καὶ ἀποθάνῃ, ἀζήμιος ἔστω ὁ τοῦ μαγγάνου [τοῦ μαγγάνου: τούτου NG-A] κύριος.

Pinax: 52. Darüber, wenn jemand zur Erntezeit eine Falle aufstellt / νβ΄ Περὶ τοῦ ἐάν τις στήσῃ μάγγανον ἐν τῷ καιρῷ τῶν καρπῶν.

EklProchM 26.10, *Harm. App3* 6.5.

→ Ashburner 1910, 104, Köpstein 1978, 43f., Medvedev 1984, 166.

53. Wenn jemand nach der ersten oder der zweiten Erstattung eines Schadens das [schadenstiftende] Tier tötet und nicht seinem Eigentümer übergibt, um den Schaden erstattet zu bekommen, ersetze er, was er getötet hat.

νγ΄ Ἐάν τις ἐκ μιᾶς ἢ [καὶ NG-A] δευτέρας καταβολῆς πραίδας φονεύσας οὐ παραδώσει τὸ ζῷον τῷ κυρίῳ αὐτοῦ, ἵνα ἀπολάβῃ τὴν πραῖδαν αὐτοῦ, δότω [διδότω NG-A] ὅπερ ἐφόνευσεν.

Pinax: 53. Darüber, wenn jemand nach erster und zweiter Erstattung beziehungsweise Schädigung tötet und nicht übergibt / νγ΄ Περὶ τοῦ ἐάν τις ἐκ μίας καὶ δευτέρας καταβολῆς ἤτοι πραῖδας φονεύσας οὐ παραδώσῃ.

Harm. App3 4.7.

→ *NMos* 18, *Proch* 39.54, *Bas* 7.10. → Ashburner 1910, 104, Köpstein 1978, 43f., Medvedev 1984, 166.

Siehe die §§ 48 und 49.

54. Wenn jemand das Schwein oder den Hund eines anderen einsperrt und [dadurch] tötet, so ersetze er ihn [bzw. es] in doppelter Menge.

νδ΄ Ἐάν τις χοῖρον ἐγκλείσῃ ἢ κύνα ἀλλότριον [ἀλλότριον om. NG-A] καὶ διαφθείρῃ, ἐν διπλῇ ποσότητι ἀποτίσει αὐτόν [ἀποτίσει αὐτόν: ἀποδώσει codd., NG-A].

Pinax: 54. Darüber, wenn jemand ein Schwein oder einen Hund einsperrt und [das Tier] stirbt / νδ΄ Περὶ τοῦ ἐάν τις χοῖρον ἢ κύνα ἐγκλείσῃ καὶ διαφθαρῇ.

EklProchM 26.11, *Harm. App3* 6.12.

→ *Ekl* 17.11, *Bas* 60.3.2, *Proch* 34.49, 39.51, 39.152, *ProchA* 39.152. → Ashburner 1910, 104, Ashburner 1912, 92, Köpstein 1978, 43f., Medvedev 1984, 166.

55. Wenn jemand einen Hund, der eine Herde bewacht, tötet und dies nicht eingesteht, sondern wilde Tiere in die Hürde eindringen, darnach aber der Töter des Hundes ermittelt wird, ersetze er den gesamten Verlust der Herde samt dem Wert des Hundes.

νε΄ Ἐὰν κύνα ποιμαίνοντά τις φονεύσας οὐχ ὁμολογήσῃ, ἀλλὰ γένηται θηρίων ἔφοδος ἐν τῇ μάνδρᾳ, μετέπειτα δὲ διαγνωσθῇ ὁ φονεὺς τοῦ κυνός [τὸν κύνα φονεύσας BFMopq, NG-A, φονεύσας τὸν κύνα codd.], πᾶσαν τὴν ἀπώλειαν [απώλειαν: ἀγέλην BDFKMΓZ, NG-A] τῆς ποίμνης δοσάτω [δότω NG-A] μετὰ καὶ τῆς τιμῆς τοῦ κυνός.

Pinax: 55. Über den, der einen Hund tötet, der eine Herde bewacht / νε΄ Περὶ τοῦ φονεύσαντος κύνα ποιμαινεύοντα.

EklProchM 26.12, *Harm. App3* 6.10.

→ Ashburner 1910, 104, Köpstein 1978, 43f., Medvedev 1984, 166f.

56. Wenn jemand im eigenen Waldland oder Acker Feuer legt und es geschieht, dass das Feuer sich ausbreitet und Häuser oder fruchttragende Äcker verbrennt, wird er nicht verurteilt, wenn er solches nicht bei starkem Wind getan hat.

νς΄ Ἐάν τις πῦρ ἐμβάλῃ ἐν ὕλῃ ἰδίᾳ ἢ ἐν ἀγρῷ καὶ συμβῇ διαδραμεῖν τὸ πῦρ καὶ καύσῃ οἴκους ἢ ἐγκάρπους ἀγρούς, οὐ καταδικάζεται ἐὰν οὐκ ἐν πολλῷ ἀνέμῳ ἐποίησεν τὸ τοιοῦτον.

Pinax: 56. Über den, der im eigenen Wald oder Acker Feuer legt / νς΄ Περὶ τοῦ βάλλοντος πῦρ ἐν ἰδίᾳ ὕλῃ ἢ ἀγρῷ.

Harm. App3 8.1.

→ *Proch* 34.70, 39.75, *ProchA* 39.92, 39.192. → Ashburner 1910, 105, Köpstein 1978, 43f., Medvedev 1984, 167, Burgmann 1983, 240.

57. Wer einen fremden Bergwald abbrennt oder fremde Bäume fällt, wird zum doppelten [Wertersatz] verurteilt.

νζ΄ Ὁ καίων ὄρος ἀλλότριον ἢ κόπτων δένδρα ἀλλότρια εἰς τὸ διπλάσιον καταδικάζεται.

Pinax: 57. Über den, der einen fremden Wald abbrennt oder Baum fällt / νζ΄ Περὶ τοῦ καίοντος ὄρος ἀλλότριον ἢ κόπτοντος δένδρον.

Harm. App3 8.2.

→ *Ekl* 17.40, *EklPA* 17.59. → Ashburner 1910, 105, Medvedev 1984, 167f., Burgmann 1983, 49 und 238.

58. Wer die Umzäunung eines Weingartens verbrennt, werde geschlagen und seine Hand gebrandmarkt; er leiste aber auch in doppelter Höhe des Schadens Entschädigung.

νη΄ Ὁ καίων ἀμπελῶνος [ἀμπέλου NG-A] φραγμὸν τυπτόμενος σφραγιζέσθω ἡ χεὶρ αὐτοῦ, ἀλλὰ καὶ ζημιούσθω διπλὴν τὴν βλάβην.

Pinax: 58. Über den, der die Umzäunung eines Weingartens verbrennt / νη΄ Περὶ τοῦ καίοντος ἀμπέλου φραγμόν. *EklProchM* 20.3,

Harm. App3 8.3.

→ *Ekl* 17.11, *Ekl* 17.13, *NMos* 18, *Bas* 60.39.6. → Ashburner 1910, 105, Köpstein 1976, 30, Köpstein 1978, 43f., Köpstein 1983b, 152, Medvedev 1984, 168.

59. Wer fruchttragende fremde Weinstöcke aushaut oder ausreißt, dem soll eine Hand abgehauen werden und er soll Entschädigung leisten.

νθ΄ Ὁ κόπτων ἀμπέλους [ἀλλοτρίας add. NG-A] ἐγκάρπους ἢ ἀνασπῶν ἀλλοτρίας [om. NG-A], χειροκοπείσθω ζημιούμενος.

Pinax: 59. Über den, der fremde fruchttragende Weinstöcke aushaut / νθ΄ Περὶ τοῦ ἀλλοτρίους ἀμπέλους ἐγκάρπους κόπτοντος.

Harm. App3 7.4.

→ *Ekl* 17.13, *Eis* 40.21, *Proch* 39.56, *ProchA* 39.156. → Ashburner 1910, 105, Ashburner 1912, 92, Köpstein 1976, 30, Köpstein 1978, 43f., Medvedev 1984, 168.

Zur Strafe des Handabhauens siehe auch die §§ 44, 64–66 und 80.

60. Die zur Zeit der Ernte in einen fremden gepflügten Acker eindringen und Bündel oder Ähren oder Hülsenfrüchte stehlen, sollen ihrer Gewänder verlustig gehen und ausgepeitscht werden.

ξ΄ Οἱ τῷ καιρῷ τοῦ θερισμοῦ εἰσερχόμενοι ἐν ἀλλοτρίᾳ αὔλακι καὶ κλέπτοντες [κλέπτοντες: κόπτοντες BDFHJKPZΓlr, NG-A] δέματα ἢ στάχυας ἢ ὄσπρια, τῶν χιτώνων στερείσθωσαν μαστιζόμενοι.

Pinax: 60. Über die, die zur Erntezeit in einen fremden gepflügten Acker eindringen / ξ΄ Περὶ τῶν εἰσερχομένων ἐν ἀλλοτρίᾳ αὔλακι τῷ καιρῷ τοῦ θερισμοῦ.

EklProchM 18.13, *Harm. App3* 2.8.

→ Ashburner 1910, 105, Ashburner 1912, 92, Köpstein 1976, 30, 33f., Köpstein 1978, 43f., Medvedev 1984, 168f.

Siehe auch § 61.

61. Die in fremde Weingärten oder Feigenhaine eindringen, seien schuldlos, wenn sie es wegen des Verzehrs tun; wenn aber wegen eines Diebstahls, sollen sie geschlagen werden und ihrer Gewänder verlustig gehen.

ξα΄ Οἱ ἐν ἀμπέλοις ἢ συκαῖς ἀλλοτρίαις εἰσερχόμενοι εἰ μὲν βρώσεως ἕνεκα [ἕνεκεν codd., NG-A], ἀθῷοι ἔστωσαν· εἰ δὲ κλοπῆς ἕνεκα [ἕνεκεν JIKPZΓ, χάριν BF, NG-A], τυπτόμενοι τῶν χιτώνων στερείσθωσαν.

Pinax: 61. Über die, die in fremde Weingärten oder Feigenhaine eindringen / ξα΄ Περὶ τῶν εἰσερχομένων ἐν ἀλλοτρίοις ἀμπέλοις ἢ συκοῖς.

EklProchM 18.14, *Harm. App3* 2.9.

→ *Ekl* 17.11, 17.13. → Ashburner 1910, 105, Ashburner 1912, 92, Köpstein 1976, 30, 32, Köpstein 1978, 43f., Medvedev 1984, 169.

Zur Unterscheidung von Mundraub (aus Not) und Diebstahl siehe Deuteronomion 23.25f. – Die Strafbestimmung des Verlustes der Gewänder in den §§ 60 und 61 hat wahrscheinlich den pragmatischen Hintergrund, dass die Betroffenen zu arm sind, um in anderer Weise bestraft zu werden. – Siehe auch § 60.

62. Die einen Pflug oder eine Pflugschar oder ein Joch oder einen Jochriemen stehlen, sollen gemäß der Zahl der Tage, seit dem Tag, an dem der Diebstahl geschah, für jeden [Tag] zwölf *Pholleis* Entschädigung leisten.

ξβ΄ Οἱ κλέπτοντες ἄροτρον ἢ ὑνὴν ἢ ζυγὸν ἢ ζευκτῆρα [ζευκτῆρα corr. NG-M, ἕτερα BIFHKPZΓ, NG-A] ζημιούσθωσαν κατὰ τὴν ποσότητα τῶν ἡμερῶν ἀφ' ἧς ἡμέρας [om. NG-A] τὸ κλέμμα ἐγένετο, καθ' ἑκάστην ἡμέραν [om. NG-A] φόλλεις δώδεκα.

Pinax: 62. Über die, die einen Pflug oder eine Pflugschar oder etwas anderes, was immer, stehlen / ξβ΄ Περὶ τῶν κλεπτόντων ἄροτρον ἢ ὑνὴν ἢ ἄλλο τὸ οἷον οὖν.

EklProchM 18.15, *Harm. App3* 2.10.

→ Ashburner 1910, 105, Ashburner 1912, 93, Köpstein 1976, 32, Köpstein 1978, 46, Medvedev 1984, 169.

Zur Kupfermünze *Phollis* siehe die Einleitung.

63. Die einen fremden Wagen verbrennen oder stehlen, sollen den doppelten Wert ersetzen.

ξγ΄ Οἱ καίοντες ἅμαξαν ἀλλοτρίαν ἢ κλέπτοντες ἐν διπλῇ ποσότητι [τὴν διπλὴν ποσότητα NG-A] ἀποτιννύτωσαν.

Pinax: 63. Über die, die einen fremden Wagen verbrennen / ξγ΄ Περὶ τῶν ἀλλοτρίαν καιόντων ἅμαξαν.

EklProchM 18.16, *Harm. App3* 2.11.

→ *Ekl* 17.11. → Ashburner 1910, 105, Medvedev 1984, 169.

64. Die an einer Dreschtenne oder an Schobern zur Rache an Feinden Feuer legen, sollen verbrannt werden.

ξδ´ Οἱ ἐν ἅλωνι ἢ ἐν θημωνίαις βάλλοντες πῦρ πρὸς ἄμυναν ἐχθρῶν [πρὸς ἄμυναν ἐχθρῶν om. DΔd] πυρίκαυστοι ἔστωσαν [πυρίκαυστοι ἔστωσαν: χειροκοπείσθωσαν DΔd].

Pinax: 64. Über die, die an einer Tenne oder an Schobern zur Abwehr von Feinden Feuer legen / ξδ´ Περὶ τῶν ἐν ἅλωνι ἢ ἐν θημωνίαις βαλλόντων πῦρ πρὸς ἄμυναν ἐχθρῶν.

EklProchM 20.4, *Harm. App3* 8.4.

→ *NMos* 20, *Ekl* 17.42, *Eis* 40.21, *Bas* 60.39.6, *Proch* 39.18, 39.56, *EklA* 17.24, 17.42, *ProchA* 39.194. → Ashburner 1910, 105, Köpstein 1976, 30, Köpstein 1978, 43f., Medvedev 1984, 170.

Eine solche gesetzliche Regelung ist nur im NG belegt. – „Rache an Feinden“: Dies dürfte sich auf Familienfehden im Dorf oder in der Nachbarschaft des Dorfes beziehen. – Zur Strafe des Handabhauens siehe auch die §§ 44, 59, 65f. und 80.

65. Die in einem Gebäude für Futter oder Spreu Feuer legen, denen soll man eine Hand abhauen.

ξε´ Οἱ ἐν οἴκῳ χόρτου [χόρου NG-A] ἢ ἀχύρου βάλλοντες πῦρ χειροκοπείσθωσαν.

Pinax: 65. Über die, die in Heu in einem Gebäude oder an einem anderen Ort, oder in einem Schuppen für Spreu Feuer legen / ξε´ Περὶ τῶν ἐν οἴκῳ ἢ ἄλλῳ τόπῳ ἐν χόρτῳ ἢ ἀχυρῶνι βαλλόντων πῦρ.

EklProchM 20.5, *Harm. App3* 8.5.

→ *Ekl* 17.13, 17.42, *NMos* 20, *Eis* 40.21, *Bas* 60.39.6, *Proch* 39.18, 39.56, *EklA* 17.24, 17.42, *ProchA* 39.194. → Ashburner 1910, 105, Köpstein 1976, 30, Köpstein 1978, 43f., Medvedev 1984, 170.

Wie auch in § 64 ist eine solche gesetzliche Regelung sonst nicht belegt. – Zur Strafe des Handabhauens siehe auch die §§ 44, 59, 64, 66 und 80.

66. Die ohne Ermächtigung fremde Häuser niederreißen oder eine Umzäunung unbrauchbar machen, um [mit dem Material] auf eigenem [Grund] zu umzäunen oder zu bauen, denen soll man eine Hand abhauen.

ξς´ Οἱ κατασπῶντες οἴκους ἀλλοτρίους ἀνάρχως ἢ ἀχρειοῦντες φραγμόν [φραγμούς NG-*A*], ὡς εἰς τὰ ἴδια φράξαντες ἢ κτίσαντες, χειροκοπείσθωσαν.

Pinax: 66. Über die, die fremde Häuser ohne Ermächtigung niederreißen / ξς´ Περὶ τῶν κατασπώντων οἴκους ἀλλοτρίους ἀνάρχως.

EklProchM 12.7, *Harm. App3* 10.4.

→ *Ekl* 17.13, *Proch* 39.18. → Ashburner 1910, 105f., Ashburner 1912, 93, Köpstein 1976, 30, 33, Medvedev 1984, 170f.

Siehe auch die §§ 64 und 65. – Zur Strafe des Handabhauens siehe auch die §§ 44, 59, 64f. und 80.

67. Die des Zinses halber einen Acker nahmen und erweislich mehr als sieben Jahre den Ertrag hatten, für die möge der Richter entscheiden, dass ab der Siebenjahresfrist sowohl der vorangehende als auch der gesamte nachfolgende [nachfolgende om. NG-M] Ertrag zur Hälfte dem Kapital gegengerechnet wird.

ξζ´ Οἱ τόκου χάριν λαβόντες ἀγρὸν [ἀγροὺς NG-M] καὶ πλείω τῶν ἑπτὰ χρόνων φανῶσι καρπιζόμενοι [τὸν ἀγρόν add. NG-M et codd.], ψηφισάτω ὁ ἀκροατὴς ἀπὸ τῆς ἑπταετίας καὶ τὴν ἄνω καὶ τὴν κάτω πᾶσαν [τὴν κάτω πᾶσαν: πᾶσαν τὴν NG-M] κατὰ τὴν ἡμίσειαν εἰσφορὰν στοιχησάτω εἰς κεφάλαιον.

Pinax: 67. Über die, die des Zinses halber Äcker oder Weingärten nahmen / ξζ´ Περὶ τῶν χάριν τόκου λαβόντων ἀγροὺς ἢ ἀμπελῶνας.

Harm. App3 1.15.

→ *EisA* 22.37. → Ashburner 1910, 106, Ashburner 1912, 93, Maslev 1976, 12–14, Medvedev 1984, 171f.

Gegen Zachariä von Lingenthal 1892, 251 (823): „Wenn es sich zeigt, dass Gläubiger, welche anstatt der Zinsen Aecker [zur Nutzung] erhalten haben, von denselben länger als sieben Jahre die Früchte gezogen haben, so soll der Richter von den sieben Jahren an und aufwärts zählen und den ganzen Ertrag zur Hälfte auf die Kapitalschuld abrechnen“), übersetzt Laiou 1971, 200, der Emendation Ashburners folgend: „… take an account at the expiration of the seven years, and let him credit against the principal amount of the debt the whole (of the revenues) after (above) the seven years, and half the revenues for the period before (below) the seven years". (Ashburner 1912, 93, übersetzte, nach Laiou unzutreffend: „… take an account at the expiration of the seven years, and let him set down as principal the whole of the profits before and half the profits after“.)

Keinen Parallelfall, aber eine vergleichbare Regelung findet man in *EisA* 22.37: Ἐάν τις ἐγγράφως ἔγγαια ἐπὶ τόκῳ δανείσῃ τινί, εἰ μὲν ἀξιωματικός ἐστιν, εἰς τὸν δωδεκαμηνιαῖον χρόνον λαμβανέτω ἐφ' ἑκάστῳ νομίσματι κεράτιον ἕν· εἰ δὲ ἀργυροπράτης ἐστίν, ἀνὰ κεράτια δύο, εἰ μὴ τὸ σύνολον συμπεφώνηται. Οἱ δὲ λοιποὶ πάντες ἀνὰ κεράτιον ἓν ἥμισυ, ἐὰν συνεφώνησαν. Εἰ δὲ πλεῖον τοῦ ὁρισθέντος ἀπαιτήσῃ τις χάριν τόκου, τὸ τοιοῦτον ποσὸν εἰς κεφάλαιον λογιζέσθω.

68. Wer in einem Speicher beim Diebstahl des Getreides angetroffen wird, soll beim ersten Mal mit hundert Peitschenhieben geschlagen werden und dem Bestohlenen Ersatz leisten; wenn er zum zweiten Mal ertappt wird, soll er geschlagen werden und für den Diebstahl in doppelter Höhe Entschädigung leisten; wenn aber ein drittes Mal, soll er geblendet werden.

ξη΄ Ὁ ἐν ὡρείῳ [ὁρίῳ NG-A] εὑρισκόμενος κλέπτων τὸν [om. NG-A] σῖτον τυπτέσθω ἐν πρώτοις μάστιγας [μάστιξιν ἐν πρώτοις codd., NG-A] ἑκατὸν καὶ τὸ ἀζήμιον ποιείτω τῷ κλαπέντι [ποιείτω τῷ κλαπέντι: τῷ κυρίῳ ποιείτω codd., NG-A]· εἰ δὲ ἐκ δευτέρου φανῇ, τυπτόμενος ζημιούσθω ἐν διπλῇ ποσότητι τὸ κλέμμα· εἰ δὲ καὶ [om. NG-A] ἐκ τρίτου, τυφλούσθω.

Pinax: 68. Über den, der in einem Speicher das Getreide stiehlt / ξη΄ Περὶ τοῦ ἐν ὡρείῳ κλέπτοντος τὸν σῖτον.

EklProchM 18.11, *Harm. App3* 2.12.

→ *Ekl* 17.11, *Ekl* 17.13, *Eis* 40.69, *EisA* 52.51, *Proch* 39.54. → Ashburner 1910, 106, Köpstein 1976, 30, Medvedev 1984, 172.

69. Wer in der Nacht Wein aus einem großen Krug [Fass?] oder einer Weinpresse stiehlt, werde derselben Strafe unterworfen.

ξθ΄ Ὁ ἐν νυκτὶ κλέπτων ἐκ πίθου οἶνον ἢ ἐκ ληνοῦ [ἢ ἀπὸ βουττίου add. EFU, NG-A] τῇ αὐτῇ ὑποβλησκέσθω ποινῇ [καθὼς ἐν τῷ ἀνωτέρῳ κεφαλαίῳ γέγραπται add. EFU, NG-A].

Pinax: 69. Über den, der in der Nacht aus einem großen Krug oder einem Fass Wein stiehlt / ξθ΄ Περὶ τοῦ ἐν νυκτὶ ἐκ πίθου ἢ βουτζίου κλέπτοντος.

Harm. App3 2.13.

→ *Ekl* 17.11. → Ashburner 1910, 106, Ashburner 1912, 93, Köpstein 1976, 30, 32f., Medvedev 1984, 172f.

Mit πίθος als Aufbewahrungsbehälter kann sowohl ein großer Krug aus Ton, als auch ein Fass gemeint sein; βουτζίον und βουττίον („Butte“) bedeutet Faß oder Tonne, siehe LBG s. v.

70. Die ein zu kleines Maß für Getreide und [oder?] Wein haben und nicht der von altersher überlieferten Messung der Väter folgen, sondern um des schnöden Gewinnes willen anstatt der gesiegelten Maße andere, unrechtmäßige haben, sollen als Ruchlose geschlagen werden.

ο΄ Οἱ μέτρον σίτου καὶ [ἢ ?] οἴνου κολοβὸν ἔχοντες καὶ μὴ ἐξακολουθοῦντες τὴν πατρικὴν ἀρχαιοπαράδοτον [τὴν πατρικὴν ἀρχαιοπαράδοτον: τῇ ἀρχαίᾳ πατροπαραδόσει DFHJKP-

SUWZΓglrz, NG-A] μέτρησιν [om. NG-A] ἀλλὰ δι' αἰσχροκέρδειαν παρὰ τὰ διατυπωμένα [διατεταγμένα NG-A] ἄδικα μέτρα [μέτρα ἄδικα NG-A] ἔχοντες τυπτέσθωσαν ὡς ἀσεβεῖς.

Pinax: 70. Über den, der in seinem Haus oder bei seiner Ware ein zu kleines und nicht rechtmäßiges [...] oder Maß, sei es für Wein oder für Getreide hat / ο΄ Περὶ τοῦ ἔχοντος ἐν τῷ οἴκῳ αὐτοῦ ἢ ἐν τῇ πραγματείᾳ αὐτοῦ [μόδιον?] ἢ μέτρον κολοβὸν οἴνου ἢ σίτου καὶ οὐχὶ δίκαιον.

EklProchM 26.23, *Harm. App3* 5.4.

→ *Ekl* 17.13, *NMos* 9. → Ashburner 1910, 106, Ashburner 1912, 94, Köpstein 1976, 30, Medvedev 1984, 173.

Zum Korrekturvorschlag „oder“ siehe die Einleitung und § 28. – μέτρον σίτου ἢ οἴνου („Maß für Getreide oder Wein“): Möglicherweise ist mit *metron* ganz allgemein „Maß” gemeint; andernfalls dürfte es sich bei dem Getreidemaß um den *thalassios modios* zu ca. 17 l (Schilbach 1970, 95–98 und 270) und bei dem Weinmaß um das *thalassion metron* zu ca.10 l (Schilbach 1970, 112–115 und 271) handeln.

71. Wenn jemand einem Sklaven ohne Wissen seines Eigentümers Herdentiere zur Weide übergibt und anschließend verkauft sie der Sklave oder macht sie in anderer Weise unverwendbar, so seien der Sklave und sein Eigentümer frei von Entschädigungspflicht.

οα΄ Ὁ παραδιδοὺς πρὸς νομὴν δούλῳ κτήνη ἄνευ εἰδήσεως τοῦ κυρίου αὐτοῦ, καὶ ἐκ τούτου [ἐκ τούτου om. NG-A] ὁ δοῦλος πωλήσῃ αὐτὰ ἢ ἄλλως πως ἀχρειώσῃ, ἀζήμιος ἔστω ὁ δοῦλος καὶ ὁ κύριος αὐτοῦ.

Pinax: 71. Über den, der einem anderen [scil. Sklaven] ohne Wissen von dessen Eigentümer Herdentiere zur Weide übergibt / οα΄ Περὶ τοῦ παραδιδόντος πρὸς νομὴν κτήνη ἀλλοτρίῳ ἄνευ εἰδήσεως τοῦ κυρίου αὐτοῦ.

EklProchM 26.22, *Harm. App3* 9.4.

→ Ashburner 1910, 106, Maslev 1976, 18f., Köpstein 1976, 32, Köpstein 1978, 44f., Köpstein 1986, 82f., Medvedev 1984, 173.

Siehe auch die §§ 47, 72–74. – Die Prämisse „ohne Wissen“ ist vermutlich schwer beweisbar.

72. Wenn ein Sklave mit Wissen seines Eigentümers Herdentiere welcher Art auch immer übernimmt und sie verzehrt oder sonst wie unauffindbar macht, leiste der Eigentümer des Sklaven dem Eigentümer der Herdentiere Schadenersatz.

οβ΄ Ἐὰν σὺν εἰδήσει τοῦ κυρίου αὐτοῦ [om. NG-A] παραλάβῃ ὁ δοῦλος οἱῳδήποτε [οἱαδήποτε NG-A] τρόπῳ [om. NG-A] θρέμματα καὶ καταφάγῃ [αὐτὰ add. NG-A] ἢ ἄλλως πως ἀφανίσῃ, ὁ κύριος τοῦ δούλου τὸ ἀβλαβὲς ποιείτω τῷ κυρίῳ τῶν θρεμμάτων [θρεμμάτων: αὐτῶν NG-A].

Pinax: 72. Über einen Sklaven, der mit Wissen seines Herrn fremde Herdentiere übernimmt und sie verzehrt / οβ´ Περὶ δούλου σὺν εἰδήσει του κυρίου αὐτοῦ παραλαβόντος θρέμματα ξένα καὶ καταφαγόντος αὐτά.

Harm. App3 9.5.

→ Ashburner 1910, 106, Köpstein 1976, 32, Köpstein 1978, 44f., Köpstein 1986, 82f., Medvedev 1984, 173f.

Siehe auch die §§ 47, 71, 73 und 74. – Mit „Herdentieren" (θρέμματα) sind in den §§ 46 und 72 vermutlich in erster Linie Schafe gemeint.

73. Wenn jemand einen Weg entlanggeht und ein verletztes oder verlustig gegangenes Herdentier findet und [dies dem Eigentümer] aus Entgegenkommen berichtet, der Eigentümer des Herdentieres aber einen Verdacht hegt, dass der Berichtende ihn hintergangen habe, so schwöre [dieser] bezüglich der Verletzung; bezüglich des Verlustes aber soll keine Untersuchung vorgenommen werden.

ογ´ Ἐὰν παρέρχηταί τις ἐν ὁδῷ καὶ εὕρῃ κεκλασμένον ἢ ἀπολλύμενον κτῆνος καὶ σπλαγχνισθεὶς μηνύσῃ, ὁ δὲ κύριος τοῦ κτήνους ὑποψίαν ἔχει τὸν μηνυτὴν πεπονηρεῦσθαι, ὀμοσάτω περὶ τῆς κλάσεως, περὶ δὲ τῆς ἀπωλείας μηδὲν [μηδεὶς NG-A] ἀνακρινέσθω.

Pinax: 73. Über den, der entlang eines Weges gehend ein verletztes oder verloren gegangenes Herdentier welcher Art auch immer findet und dies nicht anzeigt / ογ´ Περὶ τοῦ παρερχομένου ὁδὸν καὶ εὑρόντος κεκλασμένον ἢ ἀπολλυμένον κτῆνος τὸ οἷον οὖν καὶ οὐ μηνύσαντος τοῦτο.

EklProchM 26.20, *Harm. App3* 1.16.

→ *EisA* 52.48. → Ashburner 1910, 106, Köpstein 1978, 44, Medvedev 1984, 174.

Der Eid („schwöre er", ὀμοσάτω) ist im NG sonst nur in den §§ 26 und 72 belegt.

Der Text steht im Widerspruch zu § 49; der Pinax weicht vom Text ab. – Siehe auch die §§ 47, 71, 72 und 74.

74. Wer – unter welchem Vorwand auch immer – ein fremdes Nutztier tötet, leiste, wenn er überführt wird, dessen Eigentümer Entschädigung.

οδ´ Ὁ διαφθείρων ἀλλότριον κτῆνος ἐξ οἱασδήποτε προφάσεως διαγινωσκόμενος τὸ ἀζήμιον ποιείτω τῷ κυρίῳ αὐτοῦ.

Pinax: 74. Über den, der ein fremdes Nutztier tötet / οδ´ Περὶ τοῦ διαφθείραντος ἀλλότριον κτῆνος.

EklProchM 26.21, *Harm. App3* 6.12.

→ Ashburner 1910, 107, Köpstein 1978, 44, Medvedev 1984, 174.

Siehe auch die §§ 47, 71 und 73.

75. Wer einen Hirtenhund unter Anwendung von Gift tötet, soll hundert Peitschenhiebe erhalten und dessen Eigentümer den doppelten Wert des Hundes ersetzen; wenn es aber auch zum Verlust der Herde kam, soll der Töter, da er den Abbruch der Bewachung durch den Hund verursacht hat, den gesamten Schadenersatz leisten; der Hund soll begutachtet werden, und wenn er zur Bekämpfung wilder Tiere geeignet war, soll verfahren werden, wie wir zuvor sagten; wenn es aber einfach [ein beliebiger Hund] war und es gewissermaßen zufällig geschah, soll er geschlagen werden und lediglich den Wert des Hundes ersetzen.

οε´ Ὁ διαφθείρων κύνα ποίμνης ἐπιτηδειότητι φαρμάκου λαμβανέτω μάστιγας ἑκατὸν καὶ τὸ διπλάσιον τῆς τιμῆς τοῦ κυνὸς διδότω τῷ κυρίῳ αὐτοῦ· εἰ δὲ καὶ ἀπώλεια τῆς ποίμνης γέγονεν, πᾶσαν [πάντων NG-A] τὴν ζημίαν ὁ φονεὺς διδότω ὡς αἴτιος διαφθορᾶς τῆς [om. NG-A] τοῦ κυνὸς φυλακῆς [om. NG-A] γεγονώς· μαρτυρείσθω δὲ ὁ κυὼν καί, εἰ θηριομάχος ἦν, ὡς προείπομεν ἔστω· εἰ δὲ ἁπλῶς καὶ ὡς ἔτυχε, τυπτόμενος τὴν τιμὴν τοῦ κυνὸς διδότω καὶ μόνον.

Pinax: 75. Über den, der einen Hirtenhund unter Anwendung von Gift tötet / οε´ Περὶ τοῦ διαφθείραντος κύνα ποίμνης ἐπιτηδειότητι φαρμάκου.

EklProchM 26.13, *Harm. App3* 6.11.

→ *Bas* 60.3.2. → Ashburner 1910, 107, Köpstein 1976, 30, Köpstein 1978, 44, Medvedev 1984, 174.

76. Wenn beim Kampf zweier Hunde der Eigentümer des einen den des anderen mit einem Schwert oder auch einem Stock oder auch einem Stein trifft, und der [Hund] von jenem Schlag geblendet wird oder stirbt oder sonst etwas Gefährliches erleidet, so leiste der Töter dem Eigentümer Entschädigung.

ος´ Ἐὰν μαχομένων δύο κυνῶν ὁ τοῦ ἑνὸς κύριος δώσῃ τῷ ἀλλοτρίῳ μετὰ ξίφους ἢ καὶ [om. NG-A] μετὰ ῥάβδου ἢ καὶ [om. NG-A] μετὰ λίθου, καὶ ἐκ τῆς πληγῆς ἐκείνης τυφλωθῇ ἢ ἀποθάνῃ ἢ ἄλλο τι ἐπικίνδυνον πάθῃ, τὸ ἀζήμιον τῷ κυρίῳ αὐτοῦ ποιείτω ὁ φονεύς [ποιείτω ὁ φονεύς: ποιήσας λαμβανέτω μάστιγας δώδεκα NG-A].

Pinax: 76. Über zwei kämpfende Hunde / ος´ Περὶ μαχομένων δύο κυνῶν.

EklProchM 26.14, *Harm. App3* 6.8.

→ Ashburner 1910, 107, Köpstein 1976, 30, Köpstein 1978, 44, Medvedev 1984, 174.

Siehe auch § 77.

77. Wenn jemand einen herrschsüchtigen Hund besitzt, der seinen Artgenossen überlegen ist, und den herrschsüchtigen Hund gegen die schwächeren aufhetzt, und es geschieht, dass einer verkrüppelt wird oder stirbt, so soll er dessen Eigentümer Entschädigung leisten und zwölf Peitschenhiebe erhalten.

οζ΄ Ἐάν τις ἔχων κύνα δυνάστην καὶ [om. NG-A] κατεπαιρόμενον τοὺς συννόμους αὐτοῦ ὑπαγγρίσῃ τὸν κύνα τὸν δυνάστην κατὰ τῶν ἀσθενεστέρων [κυνῶν add. NG-A], καὶ συμβῇ κυλλωθῆναι [κύνα add. NG-A] τινὰ ἢ ἀποθανεῖν, τὸ ἀζήμιον τῷ κυρίῳ αὐτοῦ ποιήσας λαμβανέτω μάστιγας δώδεκα.

Pinax: 77. Über den, der einen herrschsüchtigen Hund besitzt und ihn gegen einen anderen Hund aufhetzt, wobei der Hund des anderen oder eines anderen Tier Schaden erleidet und stirbt / οζ΄ Περὶ τοῦ ἔχοντος κύνα δυνάστην καὶ ὑπαγγρίσαντος αὐτὸν εἰς ἕτερον κύνα καὶ παθόντος τι καὶ ἀποθανόντος τοῦ ἀλλοτρίου κυνοῦ ἢ ἄλλου τινὸς ζώου.

EklProchM 26.14, *Harm. App3* 6.9.

→ Ashburner 1910, 107, Ashburner 1912, 94, Köpstein 1976, 30, Köpstein 1978, 44, Medvedev 1984, 175.

Der Pinax erweitert die Aussage des Paragraphen inhaltlich. – Siehe auch § 76.

78. Wenn jemand nachdem er seine Parzelle abgeerntet hat, während die ihm benachbarten Parzellen nicht abgeerntet wurden, seine Nutztiere hineinführt und einen Schaden für seine Nachbarn bewirkt, soll er dreißig Peitschenhiebe erhalten und dem Geschädigten Entschädigung leisten.

οη΄ Ἐάν τις θερίσας τὴν ἑαυτοῦ μερίδα, τῶν πλησίον αὐτοῦ μερίδων μὴ θερισθέντων, εἰσαγάγῃ τὰ ἑαυτοῦ κτήνη καὶ βλάβην τοῖς πλησίον [αὐτοῦ add. NG-A] ἐργάσηται, τυπτέσθω μάστιγας τριάκοντα καὶ τὸ ἀζήμιον τῷ βλαβέντι ποιείτω.

Pinax: 78. Darüber, wenn einer seine Parzelle beziehungsweise seine Felder abgeerntet hat und seine Herden, welche auch immer es seien, hinbringt und sie in die fremde Parzelle eindringen / οη΄ Περὶ τοῦ ἐάν τις θερίσας τὴν ἑαυτοῦ μερίδα ἤτοι τῶν χωραφίων καὶ λαβὼν ἐν αὐτῇ τὰ θρέμματα αὐτοῦ οἷα εἰσὶν εἰσπηδήσωσι εἰς τὴν ξένην μερίδα.

EklProchM 18.30, *Harm. App3* 5.1.

→ Ashburner 1910, 107, Ashburner 1912, 94, Maslev 1976, 19–22, Köpstein 1976, 30, Köpstein 1978, 43–45, 50, Köpstein 1986, 80–83, Medvedev 1984, 175.

Zu „(ab)ernten" siehe auch die §§ 6, 9, 18, 19 und 79 und die Einleitung. – Siehe auch die §§ 79, 80 und 85.

79. Wenn jemand seinen Weingarten abgeerntet hat und, obwohl viele Parzellen noch nicht abgeerntet sind, seine Nutztiere hineinführt, soll er dreißig Peitschenhiebe erhalten und dem Geschädigten Entschädigung leisten.

οθ΄ Ἐάν τις τρυγήσῃ τὸν ἑαυτοῦ [ἑαυτοῦ: ἴδιον αὐτοῦ NG-A] ἀμπελῶνα καὶ ὄντων ἀτρυγήτων μερίδων πολλῶν [πολλῶν: τινῶν NG-A] εἰσαγάγῃ τὰ ἴδια κτήνη, τυπτέσθω μάστιγας τριάκοντα καὶ τὸ ἀζήμιον τῷ βλαβέντι ποιείτω.

Pinax: 79. Über den, der seinen Weingarten abgeerntet hat und noch einige nicht abgeerntete Weingärten hat, in die einer seine Herden hineinführt / οθ΄ Περὶ τοῦ τρυγήσαντος τὸν ἴδιον ἀμπελῶνα καὶ ἔτι ἔχοντος ἔτι μερίδας τινὰς ατρυγήτους, ἐν αἷς τις εἰσῆξε [εἰσίξε NG-M] τὰ θρέμματα αὐτοῦ.

Harm. App3 5.2.

→ *NMos* 18. → Ashburner 1910, 107, Köpstein 1976, 30, Köpstein 1978, 43–45, 50, Köpstein 1986, 80, Medvedev 1984, 175.

Der Pinax ist in dieser Form vermutlich unvollständig; er entspricht jedenfalls nicht dem Text. – Zu „(ab)ernten“ siehe auch die §§ 6, 9, 18, 19 und 78 und die Einleitung. Siehe auch die §§ 78, 80 und 85.

80. Wenn einer, der mit jemandem einen Rechtsstreit hat, ohne Ermächtigung Weinstöcke oder einen anderen Baum, welchen auch immer, aushaut, soll ihm eine Hand abgehauen werden.

π΄ Ἐάν τις ἀνάρχως δίκην ἔχων μετά τινος κόψῃ ἀμπέλους ἢ ἄλλό τι [om. NG-A] τὸ οἷον οὖν δένδρον, χειροκοπείσθω.

Pinax: 80. Über den, der mit einem im Rechtsstreit ist, ohne mit ihm zu sprechen [und] ohne Ermächtigung Weinstöcke aushaut oder irgendetwas anderes Verfehltes tut / π΄ Περὶ τοῦ ἔχοντος δίκην μετά τινος οὐ προσφωνησαμένου μετὰ αὐτόν, ἀλλὰ ἀνάρχως κόψαντος ἀμπέλους ἢ ἄλλο τὸ οἷον οὖν ποιήσαντος ἄτοπον πρᾶγμα.

Harm. App3 7.4.

→ *Ekl* 17.13, *ProchA* 39.156, → Ashburner 1910, 107, Sinogowitz 1957, 336, Köpstein 1976, 30, 33, Köpstein 1978, 43, Medvedev 1984, 175f.

Anders als der Text differenziert der Pinax bei den Voraussetzungen für die Rechtswidrigkeit.

Siehe auch die §§ 78, 79 und 85. – Zur Strafe des Handabhauens siehe auch die §§ 44, 59 und 64–66.

81. Wenn ein Dorfbewohner erkennt, dass ein gemeinschaftliches Grundstück für eine Mühlenanlage geeignet ist und dieses vorweg in Besitz nimmt,

später aber, nach dem Abschluss des Baues der Anlage, die Dorfbewohner gemeinsam gegen den Eigentümer der Anlage protestieren, dass er das gemeinschaftliche Grundstück vorweg als eigenes in Besitz genommen habe, so sollen sie für die Anlage die gesamte Zahlung der Ausgaben leisten, zu der sie verpflichtet sind, und Teilhaber des Vorleistenden sein.

πα΄ Ἐάν τις οἰκῶν ἐν χωρίῳ διαγνώσῃ τόπον κοινὸν ὄντα ἐπιτήδειον εἰς ἐργαστήριον μύλου καὶ τοῦτον προκατάσχῃ, ἔπειτα δὲ μετὰ τὴν τοῦ ἐργαστηρίου τελείωσιν ἐὰν οἱ τοῦ χωρίου κοινῇ [οἱ τοῦ χωρίου κοινῇ: ἡ τοῦ χωρίου κοινότης DEHIJKMPUZΓghijlmr, NG-A: facilior sane, sed eo ipso suspecta lectio? Solvere non possum, in textum tamen recipere dubitavi] καταβοῶσι τὸν [τῷ NG-A] τοῦ ἐργαστηρίου κύριον [κυρίῳ NG-A] ὡς ἴδιον τὸν κοινὸν τόπον προκατάσχοντα [προκατασχόντι NG-A], πᾶσαν τὴν ὀφειλομένην αὐτοῖς [αὐτῷ NG-A] διδότωσαν καταβολὴν εἰς τὴν τοῦ ἐργαστηρίου ἔξοδον καὶ ἔστωσαν κοινωνοὶ τῷ προεργασαμένῳ.

Pinax: 81. Über den, der in einem Dorf wohnt und einen gemeinschaftlichen Platz des Dorfes findet und heimlich für sich eine Mühle errichtet, ohne dass es die Leute wissen / πα΄ Περὶ τοῦ οἰκοῦντος ἐν χωρίῳ καὶ εὑρόντος τόπον κοινὸν τοῦ χωρίου ἐπιτήδειον καὶ κρυπτῶς ποιήσαντος ἑαυτῷ μῦλον, ἀγνωὶ τοῦ λαοῦ.

EklProchM 25.20, *Harm. App3* 10.6.

→ Ashburner 1910, 107f., Maslev 1976, 12f., 19–22, Köpstein 1976, 33, Köpstein 1978, 43, 50f., 53, Köpstein 1986, 80–84, Medvedev 1984, 176.

Die Zusätze des Pinax κρυπτῶς („heimlich") und ἀγνωὶ τοῦ λαοῦ („ohne dass es die Leute wissen") erscheinen wenig realistisch. – Siehe auch die §§ 82–84.

82. Wenn jemand, nachdem das Dorfland aufgeteilt wurde, in seiner eigenen Parzelle einen Platz findet, der für eine Mühlenanlage geeignet ist, und er nimmt [dort] ihren Betrieb auf, so haben die Landwirte der anderen Parzellen nicht das Recht, gegen selbige Mühle Einspruch zu erheben.

πβ΄ Ἐὰν μερισθείσης τῆς τοῦ χωρίου γῆς εὕρῃ τις ἐν τῇ ἰδίᾳ μερίδι τόπον ἐπιτήδειον εἰς ἐργαστήριον μύλου καὶ ἐπιμελήσηται αὐτοῦ, οὐκ ἔχουσιν ἄδειαν οἱ τῶν ἄλλων μερίδων γεωργοὶ λέγειν τι περὶ τοῦ τοιούτου μύλου.

Pinax: 82. Über den, der auf seiner eigenen Parzelle nach der Verteilung des Dorflandes einen geeigneten Platz findet und eine Mühle errichtet / πβ΄ Περὶ τοῦ εὑρόντος ἐπιτήδειον τόπον ἐν τῇ ἰδίᾳ μερίδι αὐτοῦ ἀπὸ τῆς μερισθείσης γῆς τοῦ χωρίου καὶ ποιήσαντος μύλον.

EklProchM 25.22, *Harm. App3* 10.7.

→ Ashburner 1910, 108, Maslev 1976, 19–22, Köpstein 1978, 43, 50f., Köpstein 1986, 80f., Medvedev 1984, 176.

Die §§ 81–84 können als Teile einer Regelung für Wassermühlen verstanden werden, wobei möglicherweise die §§ 82–84 einen Paragraphen bilden sollten. Sie regulieren eine Materie, die der in *Bas* 58.8rest.13 ähnlich ist; der § 84 stellt vermutlich eine (spätere?) mildere Regelung dar als der § 83.

83. Wenn das Wasser, das zur Mühle fließt, Felder oder Weingärten verwüstet, so leiste er [der Mühlenbesitzer] Schadenersatz; wenn [er dies] aber nicht [tut], soll sie stillgelegt werden.

πγ´ Ἐὰν τὸ ὕδωρ ἐρημοῖ χωράφια ἢ ἀμπελῶνας τὸ ἐν τῷ μύλῳ ἐρχόμενον, τὸ ἀβλαβὲς [τούτων add. NG A] ποιείτω· εἰ δὲ μή, ἀργείτω [ὁ μύλος add. NG-A].

Pinax: 83. Über Wasser, das Felder verwüstet / πγ´ Περὶ ὕδατος ἐρημοῦντος χωράφια.

EklProchM 25.24, *Harm. App3* 10.8.

→ *NMos* 18, *Bas* 58.8rest.13. → Ashburner 1910, 108, Köpstein 1978, 42f., 50, Köpstein 1986, 81f., Medvedev 1984, 177.

Siehe die §§ 82 und 84.

84. Wenn die Eigentümer der Felder nicht wollen, dass das Wasser durch ihre Felder läuft, so sollen sie die Erlaubnis haben [, es {scil. den Wasserlauf} zu zerstören].

πδ´ Ἐὰν οἱ αὐθένται τῶν χωραφίων οὐ θέλωσιν ἵνα διέρχηται τὸ ὕδωρ διὰ τῶν αὐτῶν χωραφίων, ἄδειαν ἐχέτωσαν [καταλύειν αὐτό add. codd., g].

Pinax: 84. Darüber, wenn die Eigentümer der Felder nicht wollen, dass das Wasser durch ihre Felder läuft. <Sie mögen> einen anderen Wasserlauf anlegen; andernfalls seien sie zeitlich unbeschränkt berechtigt, vor Gericht zu gehen / πδ´ Περὶ τοῦ ἐὰν οἱ αὐθένται τῶν χωραφίων οὐ θέλουσιν, ἵνα διέρχηται τὸ ὕδωρ διὰ τῶν αὐτῶν χωραφίων· οἱ ἕτεροι (?) διάβασιν ἑτέραν ποιήσωσιν· ἢ [εἰ?] οὐ, ἄδειαν ἐχέτωσαν δικάζεσθαι εἰς τὸ διηνεκές.

EklProchM 25.23, *Harm. App3* 10.9.

→ *Bas* 58.8rest.13, *ProchA* 40.103. → Ashburner 1910, 108, Köpstein 1978, 43, 50, Köpstein 1986, 81f. Medvedev 1984, 177.

Der Pinax ist, unter der Voraussetzung der Korrektur von ἢ zu εἰ, klarer als die möglicherweise verstümmelte Regelung im Text. – Siehe die §§ 82 und 83.

85. Wenn ein Landwirt ein fremdes Rind in einem fremden Weingarten antrifft, das Schaden anrichtet, und dies nicht seinem Eigentümer meldet, sondern es in der Absicht, es zu vertreiben, tötet oder mit einem Pfahl aufspießt, leiste er zur Gänze Schadenersatz.

πε΄ Ἐὰν γεωργὸς εὕρῃ βοῦν ἀλλότριον ἐν ἀμπέλῳ ἀλλοτρίᾳ [ἀλλοτρίῳ NG-A] πραιδεύοντα καὶ οὐ καταμηνύσῃ τῷ κυρίῳ αὐτοῦ ἀλλὰ διῶξαι βουληθεὶς φονεύσῃ [ἢ κλάσει add. codd., NG-A] ἢ ἐν πασσάλῳ ἐμπείρῃ [πασσάλῳ ἐμπείρῃ: πάλῳ ἐμπερεῖ codd., NG-A], ζημιωθήτω ἐξ ὁλοκλήρου.

Pinax: 85. Darüber, wenn ein Landwirt ein fremdes Rind findet und es nicht übergibt / πε΄ Περὶ τοῦ ἐὰν γεωργὸς εὕρῃ βοῦν ἀλλότριον καὶ οὐ παραδώσῃ αὐτόν.

Harm. App3 4.8.

→ *Bas* 7.10. → Ashburner 1910, 108, Ashburner 1912, 95, Köpstein 1978, 43f., Medvedev 1984, 177f.

Der Paragraph ist vermutlich ein Nachtrag aus einer anderen mündlichen Variante des NG. –Siehe auch die §§ 78–80.

Konkordanzen

Bas	Basilika (um 888)
Eis	Eisagoge („Epanagoge“) tu nomu (886)
EisA	Eisagoge Aucta (um 920/930)
Ekl	Ekloge ton nomon (741)
EklA	Ekloge Aucta
EklPA	Ekloge Privata Aucta
EklProchM	Ecloga ad Prochirum mutata (11. Jh.)
Harm. App3	Harmenopulos, Hexabiblos, App. 3 (1345)
NG	Nomos Georgikos (vor Mitte 8. Jh.)
NMos	Nomos Mosaikos (vor Mitte 8. Jh.)
Proch	Procheiron (907)
ProchA	Procheiron auctum (um 1330)

1. NG / *Harm. App3* / *EklProchM*

1: *Harm. App3* 1.1 / *EklProchM* 25.1
2: *Harm. App3* 1.2 / *EklProchM* 25.2
3: *Harm. App3* 1.4 / *EklProchM* 25.3
4: *Harm. App3* 1.3 / *EklProchM* 25.4
5: *Harm. App3* 1.5
6: *Harm. App3* 1.6 / *EklProchM* 25.5
7: *Harm. App3* 1.9 / *EklProchM* 24.27
8: *Harm. App3* 1.8
9: *Harm. App3* 1.20 / *EklProchM* 25.6
10: *Harm. App3* 1.21 / *EklProchM* 25.7
11: *Harm. App3* 1.10
12: *Harm. App3* 1.22
13: *Harm. App3* 1.23 / *EklProchM* 25.8
14: *Harm. App3* 1.25 / *EklProchM* 25.10
15: *Harm. App3* 1.24 / *EklProchM* 25.9
16: *Harm. App3* 1.11 / *EklProchM* 25.11
17: *Harm. App3* 1.12 / *EklProchM* 25.12
18: *Harm. App3* 1.13 / *EklProchM* 25.13
19: *Harm. App3* 1.14 / *EklProchM* 25.14
20: *Harm. App3* 1.7 / *EklProchM* 25.16
21: *Harm. App3* 10.1–3 / *EklProchM* 25.19
22: *Harm. App3* 2.1 / *EklProchM* 25.15
23: *Harm. App3* 3.2 / *EklProchM* 26.1
24: *Harm. App3* 3.1 / *EklProchM* 26.2
25: *Harm. App3* 3.3 / *EklProchM* 26.6
26: *Harm. App3* 3.4 / *EklProchM* 26.3
27: *Harm. App3* 3.5 / *EklProchM* 26.4
28: *Harm. App3* 3.6
29: *Harm. App3* 3.7 / *EklProchM* 26.5
30: *Harm. App3* 2.2
31: *Harm. App3* 7.2 / *EklProchM* 24.29
32: *Harm. App3* 7.1 / *EklProchM* 24.28
33: *Harm. App3* 2.3 / *EklProchM* 18.22
34: *Harm. App3* 2.4 / *EklProchM* 15.4
35: *Harm. App3* 2.5 / *EklProchM* 18.21
36: *Harm. App3* 1.19 / *EklProchM* 26.18
37: *Harm. App3* 1.18 / *EklProchM* 15.13
38: *Harm. App3* 4.1
39: *Harm. App3* 6.1 / *EklProchM* 21.14
40: *Harm. App3* 6.2 / *EklProchM* 21.15
41: *Harm. App3* 2.6 / *EklProchM* 18.19
42: *Harm. App3* 2.7
43: *Harm. App3* 6.3 / *EklProchM* 26.19
44: *Harm. App3* 6.4 / *EklProchM* 18.20
45: *Harm. App3* 9.1

46: *Harm. App3* 9.2 / *EklProchM* 18.18
47: *Harm. App3* 9.3
48: *Harm. App3* 4.3 / *EklProchM* 26.7
49: *Harm. App3* 4.4 / *EklProchM* 26.8
50: *Harm. App3* 4.5 / *EklProchM* 26.9
51: *Harm. App3* 4.6 / *EklProchM* 26.9
52: *Harm. App3* 6.5 / *EklProchM* 26.10
53: *Harm. App3* 4.7
54: *Harm. App3* 6.12 / *EklProchM* 26.11
55: *Harm. App3* 6.10 / *EklProchM* 26.12
56: *Harm. App3* 8.1
57: *Harm. App3* 8.2
58: *Harm. App3* 8.3 / *EklProchM* 20.3
59: *Harm. App3* 7.4
60: *Harm. App3* 2.8 / *EklProchM* 18.13
61: *Harm. App3* 2.9 / *EklProchM* 18.14
62: *Harm. App3* 2.10 / *EklProchM* 18.15
63: *Harm. App3* 2.11 / *EklProchM* 18.16
64: *Harm. App3* 8.4 / *EklProchM* 20.4
65: *Harm. App3* 8.5 / *EklProchM* 20.5
66: *Harm. App3* 10.4 / *EklProchM* 12.7
67: *Harm. App3* 1.15
68: *Harm. App3* 2.12 / *EklProchM* 18.11
69: *Harm. App3* 2.13
70: *Harm. App3* 5.4 / *EklProchM* 26.23
71: *Harm. App3* 9.4 / *EklProchM* 26.22
72: *Harm. App3* 9.5
73: *Harm. App3* 1.16 / *EklProchM* 26.20
74: *Harm. App3* 6.12 / *EklProchM* 26.21
75: *Harm. App3* 6.11 / *EklProchM* 26.13
76: *Harm. App3* 6.8 / *EklProchM* 26.14
77: *Harm. App3* 6.9 / *EklProchM* 26.14
78: *Harm. App3* 5.1 / *EklProchM* 18.30
79: *Harm. App3* 5.2
80: *Harm. App3* 7.3
81: *Harm. App3* 10.6 / *EklProchM* 25.20
82: *Harm. App3* 10.7 / *EklProchM* 25.22
83: *Harm. App3* 10.8 / *EklProchM* 25.23
84: *Harm. App3* 10.9 / *EklProchM* 25.24
85: *Harm. App3* 4.8

2. *Harm. App3* / NG / *EklProchM*

Προοίμιον (§§ 1–6)
Α΄. Περὶ γεωργῶν
1.1: NG 1 / *EklProchM* 25.1
1.2: NG 2 / *EklProchM* 25.2
1.3: NG 4 / *EklProchM* 25.4
1.4: NG 3 / *EklProchM* 25.3
1.5: NG 5
1.6: NG 6 / *EklProchM* 25.5
1.7: NG 20 / *EklProchM* 25.16
1.8: NG 8
1.9: NG 7 / *EklProchM* 24.27
1.10: NG 11
1.11: NG 16 / *EklProchM* 25.11
1.12: NG 17 / *EklProchM* 25.12
1.13: NG 18 / *EklProchM* 25.13
1.14: NG 19 / *EklProchM* 25.14
1.15: NG 67
1.16: NG 73 / *EklProchM* 26.20
1.18: NG 37 / *EklProchM* 15.13
1.19: NG 36 / *EklProchM* 26.18
1.20: NG 9 / *EklProchM* 25.6
1.21: NG 10 / *EklProchM* 25.7
1.22: NG 12
1.23: NG 13 / *EklProchM* 25.8
1.24: NG 15 / *EklProchM* 25.9
1.25: NG 14 / *EklProchM* 25.10

Β΄. Περὶ κλοπῆς
2.1: NG 22 / *EklProchM* 25.15
2.2: NG 30
2.3: NG 33 / *EklProchM* 18.22
2.4: NG 34 / *EklProchM* 15.4
2.5: NG 35 / *EklProchM* 18.21
2.6: NG 41 / *EklProchM* 18.19
2.7: NG 42
2.8: NG 60 / *EklProchM* 18.13
2.9: NG 61 / *EklProchM* 18.14
2.10: NG 62 / *EklProchM* 18.15
2.11: NG 63 / *EklProchM* 18.16
2.12: NG 68 / *EklProchM* 18.11
2.13: NG 69

Γ΄ Περὶ ἀγελαρίων
3.1: NG 24 / *EklProchM* 26.2

3.2: NG 23 / *EklProchM* 26.1
3.3: NG 25 / *EklProchM* 26.6
3.4: NG 26 / *EklProchM* 26.3
3.5: NG 27 / *EklProchM* 26.4
3.6: NG 28
3.7: NG 29 / *EklProchM* 26.5

Δʹ. Περὶ πραίδας ζώων
4.1: NG 38
4.3: NG 48 / *EklProchM* 26.7
4.4: NG 49 / *EklProchM* 26.8
4.5: NG 50 / *EklProchM* 26.9
4.6: NG 51 / *EklProchM* 26.9
4.7: NG 53
4.8: NG 85

Εʹ. Περὶ ζημίας
5.1: NG 78 / *EklProchM* 18.30
5.2: NG 79
5.4: NG 70 / *EklProchM* 26.23

Ϛʹ. Περὶ φόνων ζώων
6.1: NG 39 / *EklProchM* 21.14
6.2: NG 40 / *EklProchM* 21.15
6.3: NG 43 / *EklProchM* 26.19
6.4: NG 44 / *EklProchM* 18.20
6.5: NG 52 / *EklProchM* 26.10
6.8: NG 76 / *EklProchM* 26.14
6.9: NG 77 / *EklProchM* 26.14
6.10: NG 55 / *EklProchM* 26.12
6.11: NG 75 / *EklProchM* 26.13
6.12: NG 54, 74 / *EklProchM* 26.11, 26.21

Ζʹ. Περὶ δένδρων
7.1: NG 32 / *EklProchM* 24.28
7.2: NG 31 / *EklProchM* 24.29
7.3: NG 80
7.4: NG 59

Ηʹ. Περὶ ἐμπρησμοῦ
8.1: NG 56
8.2: NG 57
8.3: NG 58 / *EklProchM* 20.3
8.4: NG 64 / *EklProchM* 20.4
8.5: NG 65 / *EklProchM* 20.5

Θʹ. Περὶ δούλων
9.1: NG 45
9.2: NG 46 / *EklProchM* 18.18
9.3: NG 47
9.4: NG 71 / *EklProchM* 26.22
9.5: NG 72

Ιʹ. Περὶ καινοτομιῶν
10.1: NG 21 / *EklProchM* 25.19
10.2: NG 21 / *EklProchM* 25.18–19
10.3: NG 21 / *EklProchM* 25.19
10.4: NG 66 / *EklProchM* 12.7
10.5: *EklProchM* 25.17
10.6: NG 81 / *EklProchM* 25.20
10.7: NG 82 / *EklProchM* 25.22
10.8: NG 83 / *EklProchM* 25.23
10.9: NG 84 / *EklProchM* 25.24
10.11: *EklProchM* 25.27

3. *EklProchM* / NG / *Harm. App3*

12.7: NG 66 / *Harm. App3* 10.4
15.4: NG 34 / *Harm. App3* 2.4
15.13: NG 37 / *Harm. App3* 1.18
18.11: NG 68 / *Harm. App3* 2.12
18.13: NG 60 / *Harm. App3* 2.8
18.14: NG 61 / *Harm. App3* 2.9
18.15: NG 62 / *Harm. App3* 2.10
18.16: NG 63 / *Harm. App3* 2.11
18.18: NG 46 / *Harm. App3* 9.2
18.19: NG 41 / *Harm. App3* 2.6
18.20: NG 44 / *Harm. App3* 6.4
18.21: NG 35 / *Harm. App3* 2.5
18.22: NG 33 / *Harm. App3* 2.3
18.30: NG 78 / *Harm. App3* 5.1
20.3: NG 58 / *Harm. App3* 8.3
20.4: NG 64 / *Harm. App3* 8.4
20.5: NG 65 / *Harm. App3* 8.5
21.14: NG 39 / *Harm. App3* 6.1
21.15: NG 40 / *Harm. App3* 6.2
24.27: NG 7 / *Harm. App3* 1.9
24.28: NG 32 / *Harm. App3* 7.1
24.29: NG 31 / *Harm. App3* 7.2
25.1: NG 1 / *Harm. App3* 1.1
25.2: NG 2 / *Harm. App3* 1.2

25.3: NG 3 / *Harm. App3* 1.4
25.4: NG 4 / *Harm. App3* 1.3
25.5: NG 6 / *Harm. App3* 1.6
25.6: NG 9 / *Harm. App3* 1.20
25.7: NG 10 / *Harm. App3* 1.21
25.8: NG 13 / *Harm. App3* 1.23
25.9: NG 15 / *Harm. App3* 1.24
25.10: NG 14 / *Harm. App3* 1.25
25.11: NG 16 / *Harm. App3* 1.11
25.12: NG 17 / *Harm. App3* 1.12
25.13: NG 18 / *Harm. App3* 1.13
25.14: NG 19 / *Harm. App3* 1.14
25.15: NG 22 / *Harm. App3* 2.1
25.16: NG 20 / *Harm. App3* 1.7
25.19: NG 21 / *Harm. App3* 10.1–3
25.20: NG 81 / *Harm. App3* 10.6
25.22: NG 82 / *Harm. App3* 10.7
25.23: NG 83 / *Harm. App3* 10.8
25.24: NG 84 / *Harm. App3* 10.9
26.1: NG 23 / *Harm. App3* 3.2
26.2: NG 24 / *Harm. App3* 3.1
26.3: NG 26 / *Harm. App3* 3.4
26.4: NG 27 / *Harm. App3* 3.5
26.5: NG 29 / *Harm. App3* 3.7
26.6: NG 25 / *Harm. App3* 3.3
26.7: NG 48 / *Harm. App3* 4.3
26.8: NG 49 / *Harm. App3* 4.4
26.9: NG 50 / *Harm. App3* 4.5
26.9: NG 51 / *Harm. App3* 4.6
26.10: NG 52 / *Harm. App3* 6.5
26.11: NG 54 / *Harm. App3* 6.12
26.12: NG 55 / *Harm. App3* 6.10
26.13: NG 75 / *Harm. App3* 6.11
26.14: NG 76, 77 / *Harm. App3* 6.8–9
26.18: NG 36 / *Harm. App3* 1.19
26.19: NG 43 / *Harm. App3* 6.3
26.20: NG 73 / *Harm. App3* 1.16
26.21: NG 74 / *Harm. App3* 6.12
26.22: NG 71 / *Harm. App3* 9.4
26.23: NG 70 / *Harm. App3* 5.4

4. Weitere Rechtsbücher

Bas 7.10 / NG 25, 38, 48, 49, 53,85
Bas 44.10.8 / NG 22
Bas 57.4.19 / NG 36
Bas 58.8rest.13 / NG 84
Bas 60.3.2 / NG 36, 54, 75
Bas 60.39.6 / NG 58, 64, 65

Eis 40.19 / NG 46, 47
Eis 40.21 / NG 44, 59, 64, 65
Eis 40.69 / NG 42, 68
Eis 40.70 / NG 28
Eis 40.89 / NG 7, 37

EisA 22.37 / NG 67
EisA 43.3 / NG 46, 47
EisA 43.9 / NG 7, 37
EisA 52.48 / NG 73
EisA 52.51 / NG 68

Ekl 5.5 / NG 7, 37
Ekl 10.1.1 / NG 7, 37
Ekl 11.1 / NG 7, 37
Ekl 17.11 / NG 19, 41, 42, 44, 54, 58, 61, 63, 68, 69
Ekl 17.13 / NG 42, 44, 46, 47, 58, 59, 61, 65, 66, 68, 70, 80
Ekl 17.2 / NG 28
Ekl 17.40 / NG 57
Ekl 17.42 / NG 64, 65
Ekl 17.47 / NG 7, 37
Ekl 17.50 / NG 46, 47

EklA 17.24 / NG 64 65
EklA 17.42 / NG 64, 65
EklA 2.12 / NG 1, 2, 19

EklPA 12.3 / NG 7, 37
EklPA 17.8 / NG 7, 37
EklPA 17.14 / NG 46, 47
EklPA 17.2 / NG 28
EklPA 17.59 / NG 20, 57
EklPA 17.62 / NG 46, 47

NMos 9 / NG 70
NMos 13 / NG 26, 27
NMos 15 / NG 44, 45
NMos 18 / NG 16, 19, 21, 38, 50, 51, 53, 58, 79, 83
NMos 20 / NG 64, 65
NMos 47 / NG 39, 43

Proch 13.13 / NG 1, 2, 6, 16
Proch 34.49 / NG 46, 54
Proch 34.70 / NG 16, 56
Proch 39.152 / NG 54
Proch 39.18 / NG 42, 64, 65
Proch 39.184 / NG 66
Proch 39.51 / NG 54
Proch 39.52 / NG 46
Proch 39.54 / NG 49, 53
Proch 39.56 / NG 23, 42, 44, 59, 64, 65
Proch 39.75 / NG 56
Proch 39.83 / NG 7, 37
ProchA 19.31 / NG 7, 37
ProchA 23.37 / NG 7, 37
ProchA 38.88 / NG 1 2
ProchA 39.152 / NG 54
ProchA 39.156 / NG 59
ProchA 39.159 / NG 42
ProchA 39.192 / NG 56
ProchA 39.194 / NG 64, 65
ProchA 39.92 / NG 56
ProchA 39.156 / NG 80
ProchA 39.200 / NG 7, 37
ProchA 40.103 / NG 84

5. NG: Rechtsbücher bis 907 / deren spätere Bearbeitungen

1: *Proch* 13.13 / *EklA* 2.12, *ProchA* 38.88
2: *Proch* 13.13 / *EklA* 2.12, *ProchA* 38.88
6: *Proch* 13.13
7: *Ekl* 5.5, 10.1.1, 11.1, 17.47, *Eis* 40.89, *Proch* 39.83 / *EklPA* 12.3, 17.8, *EisA* 43.9, *ProchA* 19,31, 23.37, 39.200
16: *NMos* 18, *Proch* 13.13, 34.70
19: *Ekl* 17.11, *NMos* 18 / *EklA* 2.12
20: *EklPA* 17.59
21: *NMos* 18
22: *Bas* 44.10.8
23: *Proch* 39.56
25: *Bas* 7.10
26: *NMos* 13
27: *NMos* 13
28: *Ekl* 17.2, *Eis* 40.70 / *EklPA* 17.2
36: *Bas* 57.4.19, 60.3.2
37: *Ekl* 5.5, 10.1.1, 11.1, 17.47, *Eis* 40.89, *Proch* 39.83 / *EklPA* 12.3, 17.8, *EisA* 43.9, *ProchA* 19,31, 23.37, 39.200
38: *NMos* 18, *Bas* 7.10
39: *NMos* 47
41: *Ekl* 17.11
42: *Ekl* 17.11, 17.13, *Eis* 40.69, *Proch* 39.18, 39.56, / ProchA 39.159
43: *NMos* 47
44: *Ekl* 17.11, 17.13, *Eis* 40.21, *NMos* 15, *Proch* 39.56
45: *NMos* 15
46: *Ekl* 17.13, 17.50, *Eis* 40.19, *Proch* 34.49, 39.52 / *EisA* 43.3, *EklPA* 17.14, 17.62
47: *Ekl* 17.13, 17.50, *Eis* 40.19 / *EklPA* 17.14, 17.62, *EisA* 43.3
48: *Bas* 7.10
49: *Bas* 7.10, *Proch* 39.54
50: *NMos* 18
51: *NMos* 18
53: *NMos* 18, *Bas* 7.10, *Proch* 39.54
54: *Ekl* 17.11, *Bas* 60.3.2, *Proch* 34.49, 39.51, 39.152 / *ProchA* 39.152
56: *Proch* 34.70, 39.75 / *ProchA* 39.92, 39.192

57: *Ekl* 17.40 / *EklPA* 17.59
58: *Ekl* 17.11, 17.13, *NMos* 18, *Bas* 60.39.6
59: *Ekl* 17.13, *Eis* 40.21, *Proch* 39.56 / *ProchA* 39.156
61: *Ekl* 17.11, 17.13
63: *Ekl* 17.11
64: *NMos* 20, *Ekl* 17.42, *Eis* 40.21, *Bas* 60.39.6, *Proch* 39.18, 39.56 / *EklA* 17.24, 17.42, *ProchA* 39.194
65: *Ekl* 17.13, 17.42, *NMos* 20, *Eis* 40.21, *Bas* 60.39.6, *Proch* 39.18, 39.56 / *EklA* 17.24, 17.42, *ProchA* 39.194
66: *Ekl* 17.13, *Proch* 39.184
67: *EisA* 22.37
68: *Ekl* 17.11, *Ekl* 17.13, *Eis* 40.69 / *EisA* 52.51
69: *Ekl* 17.11
70: *Ekl* 17.13, *NMos* 9
73: *EisA* 52.48
75: *Bas* 60.3.2
79: *NMos* 18
80: *Ekl* 17.13 / *ProchA* 39.156
83: *NMos* 18
84: *Bas* 58.8rest.13 / *ProchA* 40.103
85: *Bas* 7.10

Wortregister

1. Griechisch-Deutsch

Die Wortregister beruhen auf der Edition von Medvedev 1984; verwiesen wird auf die Nummern der Paragraphen.
Belegstellen der Edition Ashburner 1910 werden in [...] angeführt.

2. Deutsch-Griechisch